高中信息技术
深度学习单元教学

张文祥◎著

GAOZHONG XINXI JISHU
SHENDU XUEXI DANYUAN JIAOXUE

哈尔滨出版社
HARBIN PUBLISHING HOUSE

图书在版编目（CIP）数据

高中信息技术深度学习单元教学 / 张文祥著 .
哈尔滨：哈尔滨出版社 , 2024.7. --ISBN 978-7-5484-
8033-4

Ⅰ . G633.672

中国国家版本馆 CIP 数据核字第 202451L6W1 号

书　　名：**高中信息技术深度学习单元教学**
GAOZHONG XINXI JISHU SHENDU XUEXI DANYUAN JIAOXUE

作　　者：张文祥　著
责任编辑：韩伟锋
封面设计：智诚源创

出版发行：哈尔滨出版社（Harbin Publishing House）

社　　址：哈尔滨市香坊区泰山路82-9号　　　邮编：150090

经　　销：全国新华书店

印　　刷：武汉颜沫印刷有限公司

网　　址：www.hrbcbs.com

E-mail：hrbcbs@yeah.net

编辑版权热线：（0451）87900271　87900272

开　　本：710mm×1000mm　　1/16　　印张：12　　字数：160千字

版　　次：2024年7月第1版

印　　次：2024年7月第1次印刷

书　　号：ISBN 978-7-5484-8033-4

定　　价：70.00元

凡购本社图书发现印装错误，请与本社印制部联系调换。

服务热线：（0451）87900279

序

随着高中信息技术新课程标准和新教材的实施，学科核心素养的提出为课堂教学带来新挑战。每一位高中信息技术教师都在思考如何更好地培养学生的信息技术学科素养。然而，在实践过程中，教师存在一些困惑：同一技术领域的知识和技能分散在不同单元，怎样设计才能既不重复又能很好地提升信息技术核心素养呢？如何设计才能让学生灵活运用所学的技能呢？怎样才能让学生理解技术的前后联系呢？这些问题迫切需要解决。本书旨在基于学科核心素养的要求，重视单元教学设计，直指学生的深度学习。

本书分为"道"和"术"两部分。第一章至第四章属于"道"的部分，第一章综述了深度学习和单元教学的相关研究，分析了它们之间的关系。第二章阐述了高中信息技术深度学习单元教学的内涵特征、必要性和价值，并探讨了与其他教学方式的区别。第三章探讨了高中信息技术深度学习单元教学的设计原则、要素、模型、流程和策略。第四章介绍了高中信息技术深度学习单元教学的实践效果检验分析，包括实践设计、效果分析和问卷调查分析。第五章属于"术"的部分，主要列举了高中信息技术深度学习单元教学的案例，涵盖了必修模块和选择性必修模块部分内容。

本书具有以下特点：

首先，本书紧密围绕高中信息技术新课程标准的教学需求，以深度学习理念为切入点，提出了一种全新的单元教学模型。这种模型既体现了深度学习在高中信息技术教学中的重要作用，又符合高中信息技术课程的教学特点和学生的认知规律。

其次，本书注重理论与实践相结合，既有深入浅出的理论知识介绍，又有丰富具体的教学案例分析。这有助于读者全面了解深度学习单元教学的理论体系和实践操作，为实际教学提供有力支持。无论是教师还是学生，都可以通过阅读本书，了解深度学习单元教学的基本理念、方法和技巧，从而在实际教学中取得良好的教学效果。

最后，本书强调教学评价的重要性，提出一套科学、合理的单元教学评价方法。该方法既关注学生学科思维的培养，又重视学生解决问题能力的提升，有助于激发学生的学习兴趣和创新精神。

"道为术之灵，术为道之体；以道统术，以术得道。"我们希望对深度学习单元教学进行进一步的探索，向着促进学生深度学习的发生、培养学生的创新思维和实践能力的方向努力，为推动高中信息技术教学改进和发展提供重要的理论和实践支撑。

本书是广州市教育科学规划（Guangzhou education scientific research project）2022年度课题 + 基于深度学习的高中信息技术单元教学设计研究（202214178）的研究成果。在本书撰写的过程中，得到不少同仁的关心和帮助。感谢增城区高级中学任士见主任对本书撰写提供了许多帮助和建议；特别感谢项目组成员、增城区高中信息技术教师和广州市高中信息技术中心组在教研活动中相互启发、团结协作，研发了许多宝贵的单元教学实践案例。在此，一并表示由衷的感谢！

张文祥

2024 年 1 月

前言

　　我国新一轮课改提出了普通高中的培养目标，即进一步提升学生的综合素质，着力发展核心素养。学生应该具备理想信念和社会责任感，拥有科学文化素养和终身学习能力，具备自主发展能力和沟通合作能力。学会学习再次成为当今教育的热点。进入新时代，我们必须承认学会学习的重要性，它是顺应时代发展的需要，也是素质教育的核心内容之一。我们应该树立正确的学习观，学会学习，养成良好的学习习惯，这对我们今后的学习生活都将是重要的因素。因此，在全面深化课程改革的大趋势下，我们需要转变教育教学方式，摒弃传统课堂对学生思想的束缚，探索出更加高效实用的学习方法和更加丰富多样的教学模式，创设能够促进学习者全面发展的学习环境，更有利于培养学生的自主学习能力、终身学习能力和知识的创新能力。在基础教育领域，重点是探究以学生为中心的自主协作与积极探索的新型学习方式。同时，强调以学习者为中心的自主协作式的学习能力与创新能力都要以学生的深度学习为基础。

　　《普通高中信息技术课程标准（2023年版）》明确提出教师在教学中要紧紧围绕学科核心素养，将项目整合于课堂教学中，重构教学组织方式，创设有利于学生开展项目学习的数字化环境、资源和条件，引导学生在数字化学习过程中，领悟数字化环境对个人发展的影响，养成终身学习的习惯。高中信息技术素养有助于学生在数字化环境中完成知识迁移、合理合法地自主创新等深度学习能力的培养，探究深度学习方式，对教学工作来说是一项艰巨的挑战。深度学习能力是培养学科核心素养的必要能力，也是高中信息技术学科的培养目标。深度学习的教学手段是高中信息技术课堂教学过程中培养学科核心素养的有效途径。新课程标准提倡信息技术的深度学习，注重学科思维与关键能力的培养。信息技术不仅是一门独立学科，还与其他学科有密切联系，是研究和学习的基础和工具，有助于学习者在各学科的应用过程中合理利用信息技术去高效学习和有效解决问题，利于创新意识的强化。目前，高中信息技术教学仍以演示模仿为主要教学方式，难以引起学生的学习兴趣，不利于新课程标准提倡的知识分析与应用，浅层学习情况普遍存在。而将深度学习的理念运用到高中信息技术教学当中，可以解决浅层学习的弊端，防止学生盲目重复教师的操作。既能帮助学生深入地理解其中的具体含义，又能帮助学生熟练掌握相关技能，让学生从被动学变为主动学，达到实现深度学习的效果。

教育大环境下，我们一直致力于教学改革，也在身体力行地实践着教学改革和创新。但对于信息技术这一类非高考学科来说，在以往教学过程中被忽视。因此，教学探索和实践中会呈现出各种问题。本书从教师教学的角度出发，结合日常教学实际客观性地分析当前教学中存在的一些典型性问题。首先，教师忽略课时之间的联系，导致学生不能形成系统的知识体系。在信息技术课堂上常常出现这样的现象：当问到学生已学过知识间的联系时，大部分学生表示不清楚或者回答不正确。这一现象与教师忽略课时之间的上下衔接、缺乏思考信息技术知识间的逻辑关系、将信息技术知识碎片化处理有直接关系。其次，课堂教学偏向技能"演示"，导致学生不能深度理解。当前信息技术课堂教学中，教师授课仿佛是"走流程"，很少抽出时间与学生互动。尤其临近考试时，为了完成教学任务，一节课安排过量的教学内容。长此以往就出现了这样的现象：很多学生可以跟上教师的进度，但是在面对一些灵活的情境化信息技术问题时毫无思路。导致出现这一现象的原因是学生对教师课上教授的信息技术知识没有达到深入理解的程度，无法将所学知识和技能有效地迁移和应用。可以看到，无论是培养信息技术学科核心素养的需要，还是信息技术知识系统化和结构化的需要，都体现了开展单元教学的必要性。然而高中信息技术课堂存在的问题使我们面临着新的挑战：如何开展基于深度学习的高中信息技术单元教学？这正是本书探索的目的所在。

目录

第一部分 道：理论探索

第二部分　术：实践案例

第一部分

道：理论探索

　　"道"是教育理念、教学规律，是教学原则。"道"乃规律，只有掌握规律，做事情才能简便，才能成功。本书中"道"就是加强教育理论研修，学习新课程标准理念，研习深度学习和单元教学相关理论，领悟高中信息技术深度学习单元教学方面的理论。

第一章　深度学习与单元教学的概述

第一节　深度学习的概述

一、深度学习概念的提出

深度学习的概念源于计算机科学、人工神经网络和人工智能的研究已有30多年历史。在20世纪八九十年代，人们提出了一系列机器学习模型，其中应用最广泛的是支持向量机和逻辑回归，它们可以看作是包含1个隐藏层和没有隐藏层的浅层模型。当计算机面对复杂问题时，可以利用反向传播算法计算梯度，然后使用梯度下降方法在参数空间中寻找最优解。浅层模型通常具有凸代价函数，理论分析相对简单，训练方法也容易掌握，并取得了许多成功的应用。随着人工智能的发展，如何通过基于算法革新的计算机和智能网络来模拟人脑抽象认知和思维，以准确且高清晰度地处理声音、图像传播甚至更复杂的数据处理和问题解决，成为21世纪人工智能领域的关键问题。

在过去的30多年里，加拿大多伦多大学计算机系的辛顿教授一直致力于机器学习模型、神经网络和人工智能等相关研究，并在机器学习模型特别是突破浅层学习模型、实现计算机抽象认知方面取得了突破性进展。2006年，他在《Science》杂志上发表了一篇题为《利用神经网络刻画数据维度》的文章，探讨了应用人工神经网络刻画数据的学习模型，并首次提出了深度学习的概念和计算机深度学习模型，引发了深度学习在人工智能领域的新热潮。这篇文章有两个主要观点：一是多隐藏层的人工神经网络具有出色的特征学习能力，学习到的特征对数据有更本质的刻画，从而有利于可视化或分类；二是深度神经网络可以通过"逐层初始化"有效克服训练和优化的难度，无监督的逐层初始化方法有助于突破浅层学习模型。基于深度置信网络提出的非监督逐层训练算法为解决深层结构相关的优化难题带来了希望，随后又提出了多层自动编码器深层结构。2012年，辛顿教授带领学生在目前最大的图像数据库上取得了惊人的成果：将计算机处理图像数据问题时排名前五的错误率从26%大幅降低至15%，大大提高了人工智能图像数据处理的准确性和清晰度，这是早期仅依赖信息技术模型的表层学习和单层学习无法实现的水平。

深度学习是人工智能领域中的一种算法思维，其核心是对人脑深层次学习的模拟。通过模拟人脑的抽象认知过程，深度学习可以实现计算机对数据的复杂运算和优化。深度学习采用深层神经网络模型，即包含多个隐藏层的神经网络。利用模型中的隐藏层，深度学习逐层将原始输入转化为浅层特征、中层特征、高层特征，最终达到任务目标。深度学习适用于需要高度抽象特征的人工智能任务，如语音识别、图像识别和检索、自然语言理解等。深层模型具有强大的特征表达能力和对复杂任务的建模能力，但训练深层模型一直是一个难题。近年来，层次化和逐层初始化等方法的出现为训练深层模型带来了希望，并在多个应用领域取得了成功。

有的人工智能学者认为，计算机和智能网络的自动编码与解码过程是一个从数据刻画到优选方案的深度学习过程。由于人脑具有深度结构，认知过程是一个复杂的脑活动过程，因此，计算机和人工智能网络模拟学习过程也是有结构的。同时，认知过程是逐层进行、逐步抽象的，人工智能不仅仅是依赖信息技术模型的产物，而是对人脑、人脑神经网络及抽象认知和思维过程进行模拟的产物。目前为止，深度学习是最接近人脑智能学习方法的计算机和智能网络技术。近年来，深度学习尝试直接解决抽象认知的难题并取得了突破性进展，例如AlphaGo的出现就是一个最好的例子。2013年4月，美国麻省理工学院技术评论杂志将深度学习列为2013年十大突破性技术之首。深度学习引发的革命将人工智能推向了一个新的台阶，不仅在学术上具有重要意义，而且具有很强的实用性。工业界也开始大规模投入，许多产品将从中获得益处。自二十世纪八九十年代以来，随着学习科学的发展，深度学习的概念和思想在教育中得到了广泛应用。

二、深度学习在教育领域的兴起与发展

来自人工智能和学习科学领域的新成就，必然引起教育领域研究者的深刻反省。在计算机领域，人工智能能够通过神经网络的建立开展深度学习，模拟人脑的深层结构和抽象认知。那么，人类的学习过程究竟应该是怎样的一个脑活动过程？学生的学习有无表层和深层的层次之分？从作为符号的公共知识到作为个人意义的个人知识究竟是如何建立起来的？知识学习过程究竟是一个怎样的抽象认知过程？信息技术环境支持下深层次的学习如何实现？近十年，这些问题引起许多教育领域研究者的浓厚兴趣，深度学习、深度教学的研究日益引起人们的重视。也正是在辛顿教授的"深度学习"概念明确提出后，教育领域的深度学习研究日益活跃起来。

1956 年，布鲁姆在《教育目标分类学》中关于"认知领域目标"的探讨中，对认识目标的维度划分就蕴含了深度学习的思想，即"学习有深浅层次之分"，将教学目标分为了解、理解、应用、分析、综合、评价六个由浅入深的层次，如图 1 所示。学习者的认知水平停留在知道或领会的层次则为浅层学习，涉及的是简单提取、机械记忆符号表征或浅层了解逻辑背景等低阶思维活动；而认知水平较高的深层理解、应用、分析、综合和评价涉及的则是理性思辨、创造性思维、问题解决等相对复杂的高阶思维活动，属于深层学习。1976 年，美国学者马顿和萨尔约在《论学习的本质区别：结果和过程》一文中明确提出了表层学习和深层学习的概念。这被普遍认为是教育学领域首次明确提出深度学习的概念。他们在一项关于阅读能力的实验研究中，明确探讨了阅读学习的层次问题。通过让学生阅读文章并进行测验，发现学生在阅读的过程中运用了两种截然不同的学习策略，一种是试图记住文章的事实表达，揣测接下来的测试并记忆，即表层学习；另一种是试图理解文章的中心思想和学术内涵，即深层学习（也译为深度学习）。深度学习的学习者追

求知识的理解并且使已有的知识与特定教材的内容进行批判性互动，探寻知识的逻辑意义，使现有事实和所得出的结论建立联系。浅层学习和深层学习在学习动机、投入程度、记忆方式、思维层次和迁移能力上有明显差异。深度学习是一种主动的、高投入的、理解记忆的、涉及高阶思维，并且学习结果迁移性强的学习状态和学习过程。之后，拉姆斯登、英推施黛以及比格斯等人发展了浅层学习和深度学习的相关理论。随着信息技术的发展，近十年来，国外学者对信息技术支持下的深度学习及其在各学科领域、各类教育中的应用研究日渐广泛。

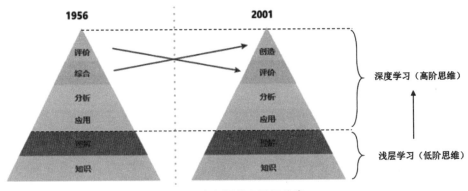

图 1　布鲁姆教育目标分类

自 2002 年以来，从技术支持高等教育的深度学习、虚拟环境中的深度学习、形成性评估对深度学习的影响、学习环境对学生进行深度学习的影响、技术支持下的深度学习设计等方面研究成果日益丰富，但绝大部分是基于教育技术学视野的研究成果。2006 年，辛顿教授发表关于深度学习的研究成果，进一步推动了深度学习在教育中的研究与应用。近十年来，在中小学深度学习研究方面最有影响的当数加拿大西盟菲莎大学艾根教授领衔的"深度学习"项目组所进行的研究，其成果集中体现在《深度学习：转变学校教育的一个革新案例》等著述之中。该研究探讨了深度学习的基本原则与方法，分析了深度学习对学生成长、教师发展和学校革新的价值与路径，并在加拿大部分中小学进行实验研究，其核心成果聚焦课堂学习和教学问题，即使是关于教师在教育中深度学习的研究，也聚焦于教师的学习过程和学习方式。艾根所开展的深度学习研究项目超越了单一教育技术学视野的研究，不仅仅是关于教学设计、学习技术和学习环境开发的研究，而是基于建立新的学习观和知识观，对教学活动与学习过程作出了新的阐释。

国内关于深度学习的研究起步较晚，但发展很快。2005 年，我国学者黎加厚教授在《促进学生深度学习》一文中率先介绍了国外关于深度学习的研究成果，同时探讨了深度学习的本质，认为深度学习是指在理解学习的基础上，学习者能够批判性地学习新的思想和事实，并将它们融入原有的认知结构中，能够在众多思想间进行联系，并能够将已有的知识迁移到新的情境中，做出决策和解决问题的学习。该文被认为是国内较早介绍并论及深度学习的研究成果。此后，关于深度学习的探讨，特别是基于信息技术环境下深度学习的相关研究论文逐渐增加。2014 年后，中国教育科学院院长兼教育部课程教材研究与发展中心主任田慧生研究员基于深化课程改革的需要，带领一个团队开始启动深度学习的项目研究。直至今日，基于核心素养追求背景下的深度学习研究项目如雨后春笋般涌现，"深度学习"成为教育研究中的一个热词。

尽管计算机、人工智能领域与教育学领域都提出了"深度学习"概念，但是二者显然存在本质差异。计算机与人工智能领域的深度学习是建立在机器模拟人脑深层结构的基础之上，是基于人脑结构的一种计算机算法思维和问题解决模型，是对人脑和认知结构的模拟。而教育学领域的"深度学习"概念，无论是布鲁姆还是马顿和萨尔约，都以"知识"和"学习"两个核心为中心，是关于知识学习的目标和过程的问题。布鲁姆在教育目标分类学认知领域的目标构设中认为认知目标是由了解、理解、应用、分析、综合、评价六个不断加深的层次构成的。这一目标明显是关于知识学习和认知过程的目标；在 2001 年修订版中这一目标被精确表述为知识学习和认知过程两个维度。马顿和萨尔约在关于阅读的研究中基于学生对文本理解的层次和理解的深度提出了"深度学习"的概念并认为学习的本质区别在于过程而不是学习的结果；是学生对文本知识学习的深刻程度决定了其学习结果的差异性。

三、深度学习的核心理念

教育学视野下的深度学习与人工智能视野下的深度学习有所不同。在教育学中，深度学习强调学生在教师引导下进行"层进式学习"和"沉浸式学习"。这意味着学生需要逐层深化地理解知识，并深入参与学习过程。离开了教师的教学和引导，学生很难实现真正的"沉浸"。因此，深度学习只有在深度教学中才能发挥其发展性的意义和价值。

然而，我国新一轮基础教育课程改革以来，课堂教学改革仍然存在着诸多局限性，如表层学习、表面学习和表演学习等。以学科知识、学科能力、学科思想和学科经验的融合为核心的学科素养仍然未能得到实质性的渗透。

深度教学的"深度"是建立在完整地、深刻地处理和理解知识的基础之上的。艾根在深度学习的研究中首次从知识论的角度论述了深度学习的"深度"的含义。他认为"学习深度"具有三个基本标准：知识学习的充分广度、知识学习的充分深度和知识学习的充分关联度。这三个标准也是深度学习的核心理念。

首先，知识学习的充分广度与知识产生的背景相关，与个体经验相关，也与学习者的学习情境相关。如果教学把知识从其赖以存在的背景、意义和经验中剥离出来，成为纯粹的符号，便成为无意义的符号、无根基的概念知识。知识具有强烈的依存性，无论是自然科学的知识还是社会科学的知识，都是特定的社会背景、文化背景、历史背景及其特定的思维方式的产物。离开了知识的自然背景、社会背景、逻辑背景，前人创造的知识对后人而言几乎不具有可理解性。随着深度学习的兴起，旨在以广度促进理解的"无边界学习"日益引起人们的重视。可见，知识的充分广度为理解提供了多样性的支架，为知识的意义达成创造了可能性和广阔性基础。

其次，知识学习的充分深度与知识所表达的内在思想、认知方式和具体的思维逻辑相关。深度学习把通过知识理解来建立认识方式、提升思维品质作为核心目标。深度学习强调学习过程是一个从符号理解、符号解码和意义建构的认知过程，这一过程是逐层深化的。

最后，知识学习的充分关联度是指知识学习对多维度地理解知识的丰富内涵及其与文化、想象、经验的内在联系。知识学习不是单一的符号学习，而是对知识所承载的文化精神的学习。同时，通过与学生的想象、情感的紧密联系，达到对知识的意义建构。从广度到深度再到关联度，学生认知的过程是逐层深化的。所谓意义建构，即从公共知识到个人知识的建立过程，都需要建立在知识学习的深度和关联度之上。

针对以往的机械死记硬背的教学活动，人们进行了相应的改革和尝试，如改变学习方式、改变教学组织形式、尝试先学后教、翻转课堂等。所有这些改革目的是让学生学得主动、积极。然而，若改革只以学生主动性为目的，便易于着眼表面，甚至顾此失彼。例如，强调学生的兴趣而忽视系统科学知识的学习；强调学生的主动参与而忽视教师的引导；强调学生的愉悦而轻视严格的要求等。这些致力于激发学生主动学习的教学改革效果不明显，说明负责任而有意义的教学改进必须基于教学规律之上。

四、深度学习的紧迫性

在相当长的时期里，人们将教学定位为传授活动，即人类认识成果是传授物，教师是传授者，学生是接受者。尽管有批评者认为教学应该是体验和创新，而非仅仅是传授，但这种观点在实践中很难找到有效的方法和路径。然而，教学即传授体现了最基本的方法和路径，因此，在教学实践中具有广泛、持续且扎实的影响。然而，这种观点及其实践并没有完全体现教学活动的全部内涵和意义，很大程度上片面化了教师和学生的角色和地位，也削弱了知识本身的意义和作用，降低了教学活动的地位。

随着信息时代的到来，知识获取途径变得多样化，每个人都可以发布信息，同时也需要独立评判信息的真假。如果教学仅仅定位于传授，以死记硬背为手段的表层学习或者只强调探究形式而缺乏探究精神的学习形式，不仅苍白无力，甚至有害。我们必须思考，如果教学的目的仅仅是传授和接受知识，那么教学存在的价值何在？如果教师仅仅作为知识的拥有者和传授者，那么教师的价值何在？教师在何种意义上是不可替代的？当信息真假不明、良莠不齐地汇聚而来时，教学如何帮助学生辨别真伪、明辨是非？事实证明，只传授知识的教学是不行的，同样，不关注知识的价值而只形式化的教学也是行不通的。

信息时代的到来，要求教学必须从原有的教学即传授的观念中走出来，重新认识教学的任务与功能。教学不仅要帮助学生继承人类认识成果，而且要在这个过程中感受、体验人类认识过程中的思想、行为和判断力的精华，成长为能够明辨是非、有正确价值观、有担当的社会主义建设者和接班人。总之，教学为了发展，教学要促进发展，教学要让学生具备自主发展的意识和能力，要着力发展学生的核心素养，这成为当前紧迫的任务。正如马克思所说："社会一旦有技术上的需要，则这种需要就会比十所大学更能把科学推向前进。"信息时代把我们以前本应有但被忽略了的思考与实践凸显出来，深度学习的研究应运而生。

五、深度学习的内涵、特征及发生的条件

（一）深度学习的内涵

要深刻揭示深度学习的内涵，首先要明确它不是什么。显然，深度学习不是表层学习、浅层学习，不是机械学习，不是死记硬背，也不是只知其然而不知其所以然。这些回答很容易理解。然而，回答深度学习的本质以及与有意义学习、理解学习和探究学习等的区别和联系却更加困难。与前面所列举的表层学习和机械学习相比，这些学习方法更强调学习者的主动参与，注重意义、理解和专注。但是，仅仅具备这些特点还不足以称之为深度学习。

深度学习还必须满足以下几个要点：首先，深度学习是教学过程中的学生学习，而不是一般的自学，必须有教师的引导和帮助；其次，深度学习的内容是有挑战性的人类已有认识成果；再次，深度学习是学生感知觉、思维、情感、意志和价值观全面参与、全身心投入的活动；最后，深度学习的目的是具体的、社会的人的全面发展，是形成学生核心素养的基本途径。

深度学习同样强调学生的主动参与和积极建构，关注发展。然而，深度学习超越了心理学的一般学习理论，不仅强调个体在心理学意义上的参与和建构，更强调个体在社会意义上的参与和社会建构、历史建构。更重要的是，深度学习超越了一般心理学对学习者发展的期待。例如，赞科夫的发展性教学强调教学应促进学生以思维能力为核心的动手操作能力和观察能力的普遍发展，而深度学习则强调在此基础上促进学生作为具体的、社会历史实践主体的成长和发展，培养有助于学生未来自主发展的核心素养，强调学生作为社会主体必须具备健康的身心、高水平的文化修养、强大的实践能力和高尚的精神境界。

北京师范大学郭华教授指出：“所谓深度学习，是指在教师引领下，学生围绕着具有挑战性的学习主题，全身心积极参与、体验成功、获得发展的有意义的学习过程。在这个过程中，学生不仅掌握学科的核心知识，理解学习的过程，把握学科的本质和思想方法，还形成了积极的内在学习动机、高级的社会性情感、积极的态度和正确的价值观，成为既具有独立性、批判性和创造性又具备合作精神、基础扎实的优秀学习者，成为未来社会历史实践的主人。”

（二）深度学习的特征

深度学习是一项极其复杂的活动，判断其是否发生可以从以下五个方面进行说明。

1. 联想与结构：经验与知识的相互转化

联想与结构既指学生学习方式的样态，也指处理的学习内容（学习对象）。作为学习方式的样态，要处理的是外在知识与学生经验之间的转化问题。通过调动以往的经验参与当下的学习，并将当下的学习内容与已有的经验建立结构性关联，从而使知识转化为与学生个体有关联的、能够操作和思考的内容。联想与结构需要并发展着学生的记忆、理解、关联能力以及系统化的思维与结构能力。

作为学习方式所处理的学习内容，是在结构系统中的知识，是能够说明其他知识也能被其他知识所说明的。例如，三角形的面积公式在平面几何的面积公式中，能够由平行四边形的面积公式来说明，也能够进一步加深对平行四边形面积公式的意义的理解。也就是说，学生所学的知识不是零散、碎片式、杂乱无章的信息，而是有逻辑、有体系、有结构的知识；学生也不是孤立地学习知识，而是在教师的引导下，根据当前的学习活动去联想、调动、激活以往的经验、知识，以融会贯通的方式对学习内容进行组织，从而建构出自己的知识结构。换言之，学生以建构的方式学习结构中的知识，从而也通过建构将学习内容本身所具有的关联和结构进行个人化的再关联再建构，从而形成自己的知识结构。例如，典故在诗歌中起着非常重要的作用，弄清典故，便能够把握典故所要表达的关联及其意义，并进而形成个人对于诗歌的关联性意义理解。

2.活动与体验：学生的学习机制

活动与体验是深度学习的核心特征，回答的是学生的学习机制问题。活动是指以学生为主体的主动活动，而非简单的肢体活动，体验是指学生作为个体全部身心投入活动时的内在体验。学生的学习，不是被动地去容纳外在知识的灌输，也不是从实践开始的盲目试错，而是通过主动的、有目的的活动，对人类已有认识成果及其过程的学习与体验，它需要学生全身心地投入，真正成为教学活动的主体。

学生要成为学习的主体而不是被动的知识接收器，就得有活动的机会，有亲身经历知识的发现、形成、发展过程的机会。但在教学实践中，这一点常被忽视，因为学生的认识是直接从人类认识的结果开始，从概念、原理开始，这虽然保证了学生学习的高起点、目的性与教育性，但也容易导致把知识传递本身当作目的，忽视学生的主动认识活动，直接将知识灌输、平移给学生。因此，强调活动与体验便尤为重要。当然，让学生亲身经历活动既不可能也不必要像人类最初发现知识那样，而是典型地、简约地经历结构性的关键过程与关键内容。

通过教师对教学内容及学生的学习过程与方式进行精心设计，学生便能够简约地、模拟地经历人类发现知识的关键环节，通过自己的活动将符号化的知识打开，将静态的知识激活，全身心地体验知识本身蕴含的丰富复杂的内涵与意义。这样的过程，便是学生主动探索、发现、经历知识形成过程的过程，是学生深度学习的机制。在这样的过程中，学生能够在硬知识、干货之外，体会到更深刻、复杂的情感以及学科思想方法。例如，只有经过知识发现发展的过程，才能感同身受，体会到"日心说"发现者强烈的思想、情感，体会到所学内容在学科发展及人类发展历史中的重要价值，也才能体会到教学内容对于个人精神成长的意义。正是在这样的活动中，学生才能成为活动主体，成长为具备审美能力和文化修养的人。

3. 本质与变式：对学习对象进行深度加工

本质与变式是处理学习内容的核心问题。它要求学生能够透过现象看本质，把握知识的内在联系，而不仅仅是孤立地记忆事实性知识。例如，要判断一个动物是否为鸟，仅仅从它能飞、有翅膀这些表面特征入手是不够的，记忆大量的鸟的种类和名字也无法解决问题。正确的方法是通过羽毛这个本质特征去判断。

把握事物的本质并非直接听取教师对事物本质的描述，而是需要学生通过主体活动去探究、归纳、演绎或进行情境体验等，从而与正在学习的内容建立紧密的联系。只有这样，事物的本质才会在学生面前展现出其生动、鲜活的一面。同时，把握事物的本质也要求学生具备深刻而灵活的思维特质，并在对学习对象进行深度加工、把握事物本质的过程中，不断提升这种思维品质。

把握事物的本质是构建知识结构的前提，也是实现以简驭繁、提纲挈领的关键。一旦把握了事物的本质，就能在纷繁复杂的事物中抓住核心，举一反三、触类旁通。这个"一"就是事物的本质，是关于事物的基本原理，也是教学内容的核心。各学科的基本概念、基本原理、基本法则等都是这个核心内容。例如，物理中的万有引力、化学中的氧化还原等。甚至汉字也有其本质属性，掌握汉字的本质属性后，便能望文生义了。如汪曾祺所说："中国人是用汉字来思维，汉字可以'望文生义''浩瀚并非小水，涓涓定是细流'。"鲁迅也说："写山曰峻嶒嵯峨，状水曰汪洋澎湃，蔽芾葱茏，恍逢丰木，鳟鲂鳗鲤，如见多鱼。"

为了帮助学生把握知识的内在联系与本质，教师在教学中除了提供标准正例外，还应设计和提供具有典型意义的非标准正例甚至反例。例如，为了让学生全面把握角的本质含义，不仅要提供锐角（标准正例），还要提供零度角、直角、钝角、平角、周角（非标准正例），从而帮助学生避免形成片面的认识。在学习中把握事物的本质，不仅能使学生举一反三、实现迁移与应用，更重要的是使学生学会学习，即学会如何对学习对象进行深度加工的意识与能力，提升学生的智慧水平。

4. 迁移与应用：将理论转化为实践的教学实践

迁移与应用主要关注的是如何将学生在学校所获得的间接经验转化为他们的实际能力，即如何将他们的理论知识转化为实际的应用能力。这一过程要求学生展现出他们的综合素质和创新思维，同时，这样的教学活动也有助于进一步培养和提升学生的这些能力。

学习总是伴随着迁移，或者可以说，学习的目的就是为了迁移。应用是迁移的一种表现形式，同时也是评估学习效果的一种有效方式。如果把学习过程比作一个封闭的循环，那么迁移就处在这个循环的连接点，它既是学习的开始，也是学习的结束。它从其他学习经验中迁移过来，又会进一步迁移到其他的学习经验中去。应用也是如此，它既是对之前学习阶段的应用，也是开启新的学习阶段的起点。在这样的循环中，学习内容的系统性、结构性以及随着活动的深入而展现出的深度和丰富性都能得到体现，同时，学生的学习主动性、积极性和自觉性也能得到提升。

迁移与应用同学习的本质和变化有着内在的联系。在学习活动中，只有先理解了事物的本质联系，才能实现有效的迁移和应用。迁移与应用是对学习本质和变化的验证和测试。本质和变化强调学生对教学内容的内化理解，而迁移与应用则强调学生对学习结果的外化表现。迁移与应用和学习中的联想和结构是相互对应的，有联想才能有迁移，有结构才能去应用，反之亦然。

在深度学习中，迁移与应用不仅是评估学习效果的方式，更是一种重要的学习方式。迁移是对经验的扩展和提升，应用则是将内化的知识外显化、操作化的过程，是将间接经验直接化、将符号转为实体、从抽象到具体的过程，这是知识活化的标志，也是学生学习成果的体现。

更重要的是，迁移与应用是学生在教学过程中对未来社会实践活动的初步尝试，这也是教学具有教育性的重要体现。这是我们以往未曾自觉关注而需要特别予以重视的。

5. 价值与评价：教学的人文关怀与导向

价值与评价体现了教学的终极目的和意义，即教学作为培养人的社会活动，要以人的成长为宗旨。深度学习的教学活动应该自觉帮助学生形成正确的价值观，并发展他们所需的核心素养。同时，在教学活动中，应该引导学生对所遇到的人、事和活动进行有根据的评价和判断。例如，对于某项科技发明的出现与影响，学生不仅需要从科学的角度理解这项发明，也需要从社会、伦理等角度对其进行评价。

从学生发展的角度来看，所有的学习活动都内隐着价值与评价这一要素。它不是一个独立的学习阶段或环节，但贯穿于各个阶段、各个环节以及每个活动中。培养学生对所学知识以及学习过程本身做出价值评判的意识与能力。一方面使学生思考所学知识在知识体系中的地位与作用、优势与不足、用途与局限，另一方面使学生对所学知识及学习过程主动进行质疑、批判与评价。换言之，要使学生养成这样的品质与意识：既承认知识的力量和正面价值，又要警惕知识可能带来的束缚与负面影响；既要积极主动地将外在知识内化于己，又要对学习活动的过程和方式持有批判反思的态度。也就是说，学习知识是为了成为知识的主人，而不被知识所束缚；学习过程既是学习知识的过程，也是学生成长的过程。在这个意义上，学习内容以及学习方式都需要成为学生反思的对象。

当然，对知识及其学习过程进行评判的意识与能力不是自然而然形成的，而是在活动与体验中、在参与知识形成的过程中、在批判性的认识和理解的过程中形成的。对知识及其学习过程的评判既是手段也是目的，其终极目的在于培养学生的理性精神与正确的价值观，形成学生自主发展的核心素养。可以说，是否关注学生理性精神与价值观的形成、是否关注学生核心素养的形成是高质量教育活动与其他活动的根本差别。当然，这些素养的培养过程是隐性的且需要长期的投入和耐心。因此，在教学过程中我们需要给予学生特别的关注和培养。

（三）深度学习发生的条件

深度学习并不会自然发生，它需要一定的促发条件。其中，教师自觉地引导是先决条件，此外，还需要以下条件：

首先，学生思考和操作的学习对象必须是经过教师精心设计、具有教学意图的结构化的教学材料。这意味着教材内容并不等同于教学内容，更不能等同于学生的学习对象。学生的学习对象必须包含着知识及其复杂而深刻的意义，但同时也必须符合学生当前的认知水平，能够直接操作（思维与动作）的材料。因此，需要经过两个转化：一是将抽象的知识转化为含有学生品质发展目标的教学内容；二是将教学内容转化为学生可以操作的具体教学材料。

其次，教学过程必须有预先设计的方案。在有限的时间和空间内，需要有计划、有序地实现丰富而复杂的教学目的。例如，特级教师俞正强在教"角的度量"一课时，通过一个个精心设计的问题，既为学生搭建了思维的阶梯，又帮助学生进行了深入地学科思考。这种教学过程不是随意进行的，而是经过教师精心设计的。

再次，需要营造平等、宽松、合作、安全的互动氛围。教学活动本身虽然是严肃紧张的，但更需要营造安全的心理氛围。教师应该给予学生充分表达自己见解的机会，不以任何理由压制、嘲讽、打击学生的积极性，同时还需要善于倾听、给予回应，与学生平等地展开讨论。这些都是保证学生全身心投入教学活动、开展深度学习的重要条件。

最后，必须依据反馈信息对教学活动进行及时调整与改进。虽然教学过程是预设的，但仍然需要根据现场情形进行及时调整。这需要教师具备清晰的评价意识、明确而细化的教学目标，能及时发现学生行为和反应的教学意义。只有这样，才能收集到有意义的教学反馈信息，并依据这些信息对教学做进一步的调整。

六、深度学习的理论价值

深度学习的理论并非来源于某一学派的演绎，而是集结了历史上卓越的教育理论成果和优秀的教学实践经验，是对学生学习与发展的一般道路的深入探讨。

在相当长的一段时间内，教学理论研究及教学实践探索在教学活动的基本问题上，常常只关注其中一个方面。例如，在涉及师生在教学中的地位与作用时，要么强调学生主体，将学生主体与教师主导对立起来，从强调学生主体走向学生中心；要么相反，强调教师的领导作用以至发展为教师中心。而所谓的"学生中心"，只是在教学活动之外孤立地谈论学生的兴趣、需要、尊严，而回避学生在教学中如何获得发展、承担怎样的责任；同样，"教师中心"也往往脱离教学中的师生关系、撇开教学活动去孤立抽象地谈论教师的素养与技能，却很少关心教师在教学活动中的现实活动以及教师的价值及其实现。在谈及教学内容（知识，人类认识成果）时，往往孤立地关注教学内容作为认识成果本身的价值，强调它被继承、被传递的重要性，很少自觉将教学内容与学生的发展进而将学生的发展与未来人类实践活动主动联系。因此，在教学理论与教学实践中，教学内容（知识，人类认识成果）常被看作学生经验的对立面，而没能自觉去探讨两者的共通性与连接点。因此，要么是系统讲授，要么是自主探究；要么重过程，要么重结果，等等。

深度学习的理论价值不仅在于克服机械学习、浅层学习的弊端，让学生学得主动、积极；更重要的是，要克服长期以来的种种二元对立，使教师、学生、教学内容（知识）获得高度的统一，使教学内容（人类历史文化、人类认识成果）实现其本应有的价值，使教师、学生在教学中获得最大发展，能够形成有助于学生未来可持续发展的核心素养。

（一）重新认识学生学习的意义

学生学习的最终目的并不是掌握已有的知识（虽然掌握知识是必要的途径），而是为了进入社会历史实践、参与社会历史实践。因此，在学习中，学生就要以明辨是非、独立思考的方式，把人类已有的实践（认识）成果转化为自身将来参与社会历史实践的能量，成为有能力、有担当、有责任感的社会一员。因此，深度学习，不是把知识（人类认识成果）平移、传输、灌输给学生，而是由教师带领学生进入知识发现发展的情境与过程中，引导、帮助学生成为知识发现的参与者而不是旁观者。换言之，学生不是静待接受知识，而是主动进入知识发现发展的过程，亲身经历知识的（再）形成和（再）发展过程。因此，学习的过程不仅是学习知识的过程，更不止于学习知识的过程。甚至学习知识本身都是手段，目的在于使学生能够作为主体参与（虽然只是简约地、模拟地参与）到人类的伟大历史实践中。深度学习还要求学生了解并认同知识背后所蕴含的情感态度价值观，提升学生的文化水平与精神境界，成为具有高级社会性情感、积极的态度以及正确的价值观，有社会责任感、勇于担当的未来社会的主人。

在深度学习中，学生是学习的主体，教师则是引导者而非学生学习的替代者。教学内容不是只需学生记忆的、外在于学生的静态的客观知识，而是需要学生全身心投入去理解、领会、评判、体验、感受才能"活"起来、"动"起来的知识。在教师的引导下，学生不仅能够掌握知识的（文字）符号表达以及（文字）符号表述的逻辑，还能够理解文字符号所传达的意义内容，即能对教学内容进行深度加工。以诗词学习为例，小诗小词虽短，却不容易读懂。它虽以理解客观的词义与句义为前提，但却有作者丰富的主观感受和体验蕴含其中，它的意境常常潜藏在容易忽略的一字一句之间甚至暗含在并未书出的无字无句之中，需要发掘需要领会。深度学习就是要引导学生透过符号去感受理解符号背后的内容与意义，甚至要体会"未书出"的无字无句内容与意义，去理解知识最初发现时人们面临的问题、解决问题的思路、采用的思维方式、思考过程、理解知识发现者可能有的情感判断、评价知识的价值。只有经历这样的过程，知识才可能通过学生的主动操作"活化"为学生的精神力量，转化为学生认识世界的方式，学习的过程才能成为学生成长发展的过程。

（二）重新认识教学内容

深度学习的一个重要标志，就是能将外在的教学内容转化为内在的精神力量。然而，教学内容并不能直接转化为学生的精神力量，必须先转化为学生能够进行思维操作和加工的教学材料，成为学生学习的对象。

所谓教学材料，是指由教师提供的、蕴含教学意图的、能够通达教学内容的符号或实体性材料。例如，用于表述知识的符号、具体的物质实体（如教具、音像）以及教师的板书、示意图等。这些材料不仅是人类认识成果的具象化，内在地蕴含着知识、思想、情感态度价值观，同时也包含着教师为学生的学习活动而设计的活动方式、路径以及过程、环节。这些材料是教师对学生素养形成的自觉规划与引领。

教学材料所蕴含的不仅是通常所说的干货（即知识），还包括让干货得以泡发的情境、情感、情绪（如纠结、疑虑）、价值观、思想过程、思维方式（如质疑、批判、推理、归纳等）。这样的教学材料，才是学生在教学中能够操作、思考、学习的对象。通过操作、思考和学习，学生可以全面把握并内化知识的核心本质。

教学内容是学生深度操作、加工教学材料之后所获得、体会、掌握了的东西。当教学内容转化为教学材料后，教学内容便从"硬"的知识转变为动态、丰富、鲜活的人类认识过程，成为可以进行思维操作和加工的对象。这样，它便能在学习活动中转化为学生的精神力量，引导学生的成长与发展。

当静态的知识转化为学生的现实力量时，人类认识成果（知识）才实现了它自身的价值。它作为认识成果继续存在于人类历史之中，成为与未来社会实践相关的人类历史成果（而不是静态的存在物）。这正是教学之于人类历史文化的意义，也是人类历史文化自身的价值所在。

（三）重新认识教师的价值

虽然会有学习行为，但没有教师，不可能有真正意义上的教学中的学习。教师的教学意识和能力水平，直接决定了学生是否能够进行深度学习。深度学习是教师和学生相互促进、相互成就的过程。正如古语所云，学然后知不足，教然后知困。没有优秀的教师，学生就不可能有深入地学习；同样，在引导学生进行深度学习的过程中，教师也会得到持续的发展和提升。

在信息时代，教师不仅仅是知识的传递者。他们需要激发学生的求知欲，引导学生的学习过程，帮助学生更快速、更愉快、更深入地学习，并在学习过程中启发学生质疑、批判、深入思考。这是教师作为教育者的根本价值和存在意义，也是教师在未来社会中无法被虚拟技术所替代的原因。对于教师而言，从来不存在所谓的"教师中心"。他们的所有愿望和工作的出发点，都是为了促进学生的学习。深度学习要求教师自觉地承担更丰富的职责，将社会的期望转化为学生的个人愿望，将教学内容转化为具有实际意义的教学材料，引导学生去思考和体会教学材料中所蕴含的丰富思想和情感内容。教师需要帮助学生从单纯的个体成长为有思想、有能力、有高级的社会性情感、有积极的态度和正确的价值观的未来社会的主人。这样的教师，是真正为学生成长服务的教师，也是实现自身价值、成就自己的教师。在深度学习的过程中，教师与学生、学生与课程、人类知识与儿童经验、知识学习与能力培养、知识学习与品格养成、知识学习与情感需要不再是分离对立的，而是有机的一体化存在，彼此相互关联、相互影响。教学活动也因此成为与整体的有意义的个体生命息息相关的活动。

第二节　单元教学的概述

单元在《现代汉语词典》里的解释是：整体中自成段落、系统，自为一组的单位（多用于教材、房屋等）。从教学视角来看，单元主要分为两种：一种是教材单元。这种单元是由若干相关联的知识点组成的集合，通常以课时教学的组织形式来完成教学任务，实现教学目标。教材单元以教为出发点，决定教什么和怎样实现知识目标。另外一种是学习单元。这种单元是结合课标、教材和学情划分出来的，用大问题、大任务、大观念或大项目统整教学任务。单元教学以学为出发点，动态性地学，发展性地学，教的调整会随着学的效果而进行适时地调整，侧重于学习过程的展开、沉淀和学生能力、素养的发展。

在汉语语境下，单元指的是相对独立、自成系统的成分（单位）。在英语语境中，通常把模块称为单元。由此可见，单元包含单位、模块、系统、集合等概念。在教学（设计）中，单元是指一个课程单位、学习单位。单元教学中的单元是在一个特定主题下，相关教学目标、教学内容、教学过程、教学评价的集合。魏强认为单元教学中的"单元"是把联系紧密、相对独立的内容看成一个单元。

（一）国外单元教学发展状况

20世纪初，美国教育家杜威主张实用主义的单元教学，提出了单元教学的教学模式，其基本程序为"设置问题情境、确定问题与课题、拟定解决课题的方案、执行计划、总结与评价"，他的学生克伯屈在此基础上开创了"设计教学法"。主张"学习大单元"——取消分科教学和教材，不设置固定的课程内容，学习单元的安排应该以学生的活动为主要依据。这引起了世界教育界的轰动，他被称为"设计教学法之父"。

19世纪末到20世纪初新教育运动的领军人物、比利时教育家德克乐利，在布鲁塞尔的学校中推行以"整体化"和"兴趣中心"为原则的"德克乐利教学法"。其特点是：一是制订单元题目（主题）；二是根据单元题目组织教学内容，安排教学方式；三是每个单元是一个相对独立的整体，一个单元的教学在一段时间内连续进行。这种教学方法打破了按照科目进行教学的传统模式，是单元教学思想的萌芽。

1931年美国教育心理学家莫里逊提出了"五步单元教学法"即"探索—提示—自学—系统化—复述"，让学生在几天或一周时间内学习教材上某个专题或解决一个问题。"五步单元教学法"理论对现在的单元教学仍然具有指导性和操作性。美国学者加里·鲍里奇依据系统论原理："整体大于部分之和"，认为"通过计划好的许多课时的共同作用，知识、技能和理解才得以逐渐发展，产生出越来越复杂的结果"。这说明，对学科的知识、技能、思想的整体把握并进行教学，会产生"1+1+1>3"的效果。

近年来，对于单元教学的研究逐渐具体化，从大教育角度逐渐进入学科范围，在数学学科范围内，阿德尔卡里姆、阿布亚达两位学者（2016）提出单元教学方式的实施对于学生数学成绩具有较大的影响。两位学者将32名大学数学与科学系的学生分为两组，除实验变量外其他一切条件都做相同的控制，最终实验数据表明：实验组使用单元教学方法的学生数学成绩相较于对照组使用常规数学教学方法的学生成绩要高，进而推动了单元教学在数学学科教学的发展。

目前，国外关于单元教学的研究多以"跨学科"概念存在，大致有四个定义：

第一个定义由戴安娜·罗顿、马克·秦等人提出的，他们将跨学科教育定义为一种课程设计与教学模式，由单个教师或教师团队对两门及以上的学科知识、资料、技术、工具、观点、概念或理论进行辨识、评价与整合。

第二个定义由维罗妮卡·曼西拉提出，整合两门及两门以上的学科知识与思维模式以推动学生认知进步的能力，例如解释现象、解决问题、创造产品或提出新问题。

第三个定义由美国国家科学院在《促进跨学科研究》中提出，为提升基本认识或解决问题，由个人或团体对两门及以上学科的信息、资料、技术、工具、观点及理论进行整合的研究模式，而那些问题的解决方案通常超出了单学科或单个研究实践领域的范畴。

第四个定义是最权威的，由艾伦. 雷普克在《如何进行跨学科研究》中提出，跨学科研究是回答问题、解决问题、处理问题的进程，这些问题太宽泛、太复杂，靠单门学科不足以解决；它以学科为依托，以整合见解、构建更全面认识为目的。

（二）国内关于单元教学的研究

在 20 世纪初，梁启超就提出"分组比较教学法"的理念，他认为应该分门别类地组织教学材料，而不是孤立地讲解某篇文章，这是我国最早的单元教学理论的萌芽。"新文化运动"时期，杜威访华将实用主义在中国的传播推向了高潮，单元教学思想也更加深入人心。

王世发在《关于单元教学两个问题的探讨》中就单元教学的产生与发展及其本质进行了论述，认为单元教学的本质可归纳为教学方法说、教学阶段说、教学结构体系说、教学组织形式说、教学制度说、教学模式说等几种观点。

在单元教学过程方面，王学东在研究中阐述了单元教学与初中语文教学相结合的原则，并提出这些原则是相互联系甚至互为条件的，认为只有在教学中渗透了整体性原则、比较性原则、规律性原则、应用性原则这四条原则才达到了单元教学的要求。（王先生主要强调单元教学在实施过程中应遵循四个原则）

覃可霖从单元教学的整体性出发认为：单元教学就是以一个单元作为语文教学的基本单位，从整体出发，统筹安排，以一篇或两篇带动整个单元教学，把讲读、自读、练习、写作、考查等环节有机、灵活地结合起来，形成一个不可分割的教学整体。（覃先生不仅将单元看作一个整体，而且还把读、练、写、考看作一个整体。）

目前，核心素养是现阶段国际教育界重点推崇的教育潮流，中国学生核心素养定义为"学生应具备的，能够适应终身发展和社会发展需要的必备品格和关键能力"。在教学中，每个学科都有着本学科的核心素养，这是该学科育人价值的集中体现。当前单元教学设计已经成为教学设计的主流发展方向，想在教学过程中更好地发展学生学科核心素养，必须基于核心素养进行单元教学设计。

2015 年 12 月 2 日召开的第十届全国有效教学理论与实践研讨会的主题是基于核心素养的单元教学设计。会上，钟启泉教授指出，"核心素养、课程标准、单元设计、课时计划"是教学中环环相扣的四个环节，并详细阐述了基于核心素养进行单元教学设计的意义及要素。对一线教师基于核心素养的单元教学设计的理论指导具有重要意义。

教育部《普通高中课程方案》的颁布在很大程度上促进了基于核心素养的单元教学的发展，庞茜将物理课堂分为四个环节，具体说明了在每一个环节中渗透的核心素养。赵庭标认为在具体单元教学活动规划中将学生的核心素养提升作为教育目标，将知识、技能与态度的明确作为教学规划的前提条件，并以具体单元的教学简录与反思为例进行了说明。

（三）单元教学模式的研究

如何有效实施单元教学，许多学者都列举了自己的教学模式。成曼珊、谢振国《四环节智能训练单元教学法》改变教师"一言堂"的教学现象，将学生从被动的知识接受者变成主动探究、生产知识活动的参与者，将以往的知识传授与知识接受的教学模式，转变为以学生智力和能力训练为主的教学活动，致力于打破传统的课堂教学限制，提高学生学习兴趣，发展学生智力，扎实掌握基本技能和知识。除此之外，在推行单元教学发展进程中，还涌现了众多单元教学模式，如"三部曲十八字"单元教学法、"七步骤整体化"单元教学法、"六环节四迁移"单元教学法、"知识结构"单元教学法等。

邓玲提出"五程序单元教学模式"。所谓"五程序"，就是由起始课、阅读课、作文课、活动课、总结课五个"集成板块"，构成一个"纵有系列，横有关联"的教学组织框架，也就是单元教学流程。"五程序单元教学模式"是一个以"高质高效"为目标建构的中学语文教学模式。从名称定位的宏观理论视角而言，其理论建构框架包括三个核心元素，即单元教学、教学程序、教学模式。从教学模式五程序操作层面而言，其微观理论建构既遵循语文课程标准的基本理念，又顺应深化课程改革的时代要求。

此外，国内多数数学教材都是按单元编排。实践证明，单元教学可以让数学知识呈现整体结构化，有利于学生把握数学知识的内在联系和整体结构，建构数学学习认知结构和认知时序，让深度学习自然发生。

钟启泉基于 ADDIE 模型提出了单元教学的一般模式，为研究者提出了新的方向。ADDIE 模型，即分析（Analysis）、设计（Design）、开发（Development）、实施（Implement）、评价（Evaluation）。分析即分析学习者特性、前提条件（准备性）和教学内容，明确目标。设计即进行教材研究，编制教学内容的可视图。开发即梳理单元计划、教学流程，准备教材，创造学习环境。实施即根据教案，运用准备好的教材，展开课堂教学。评价即借助教学后的研讨展开教学反思。

申铁在《聚焦数学核心内容的单元教学设计》一文中提出了单元教学的六大特点，倡导教师使用单元教学设计，提出了数学学科单元教学的一般模式。随后，刘勇、程连敏和甄强分别以"圆锥曲线"和"平面向量"两节课为例，结合实际教学，说明了单元教学设计的特点及其具体实施方法，实现了单元教学设计在高中数学教学从理论到实践的初步过渡。

美术学科中，上海师范大学美术学院教授王大根在研究国内外相关研究成果的基础上，提出为避免知识碎片化，让学生对知识产生整体性的认知，建议在"大概念的统整"下进行单元整合和设计的前瞻性观点。

因此，单元教学并非是一个全新的概念，国内外已有不少研究范例，但国内与国外对单元教学的理解不尽相同。国内的发展路径基本源自语文学科，单元教学是信息技术教学改革的重大突破，克服了长期以来课时之间关联性不强、效率低的弊端，有助于培养学生的自主探究能力，构建了学生自主发展的高效信息技术课堂，有效提高了学生的信息技术核心素养；基于其他学科单元教学的成功经验，将单元教学思维应用到高中信息技术学科。近年来，基于跨学科的项目化学习、主题学习逐渐兴起；而国外关于单元教学的理解，则一开始就围绕"跨学科"进行，并将"单元教学""单元整合"理解为一种课程设计或思维模式。

第三节　深度学习与单元教学的关系

深度学习与单元教学相互依存，为实现学生的深度学习，需要探索和实施单元教学，而单元教学的教学目标中隐含着促进学生深度学习的内在要求。

一、单元整体教学是实现深度学习的关键支撑

深度学习旨在促进学生高阶思维能力的培养，强调学生对知识的深度吸收与理解。这需要教师在教学过程中引导学生感受知识的来源及萌芽原因，感悟知识的形成过程以及发生的条件，从而认识到知识的本质，并能在记忆和理解等浅层学习之上的进一步应用、分析和评价。这种历经知识形成过程的深度学习很显然不可能在一节课内全部实现，需要教师能够统筹安排课时，以单元教学的形式，合理地呈现自己的教学内容，从而在逐步深入的教学中，促进学生对知识的深度理解。

另外，深度学习强调知识体系的建构，要求在教学中要能够呈现与学生先期经验或现实生活经历相关的学习材料，促使学生能够有效地将新知纳入已有的认知结构当中，实现对知识的意义建构，更加牢固地掌握和运用知识。教师要引导和帮助学生自主建构知识体系。这就要求教师要依据学生的学习基础和学生的基本认知规律，结合学科知识逻辑，以系统而整体的方式呈现知识，使学生明晰知识之间的前后联系。这需要单元教学的支撑。

二、单元教学中隐含促进学生深度学习的内在要求

单元整体教学是以教材划分的单元为基础，通过对知识内容的分析，厘清知识单元的核心内容，并对相关的知识学习内容进行整合与重构，最终形成相对完整的教学单元。以整体视角统筹安排教学学时，从而实现更优的教

学效果。通过整体性的视角来设计教学流程，能促进教师系统性思维的发展。通过对教学目标和教学内容的整体把控，实现教学承上启下的作用，既见树木，又见森林。以单元为主体进行教学，其目标就是为了实现知识的整合与重构，以更系统的方式向学生呈现知识，从而促进学生的深层次理解。促进学生的高阶思维发展，与深度学习理论的目标不谋而合两者具有同一性。

三、深度学习和单元教学对培养核心素养的目标一致

基础教育改革以来，我国课程目标的要求几经变化，经历了从双基到三维目标再到核心素养的阶段性转变。核心素养概念的提出是我国教育目标的又一重大改革。核心素养指的是学生在接受相应学段的教育过程中逐步形成的适应个人终身发展和社会发展需要的必备品格与关键能力，核心素养的提出为教育指明了学校育人的大方向。在此基础上学科核心素养的提出又进一步明确了学科育人要求是对学校和教师教学的有效指引。

深度学习强调要促进学生主动学习的积极性，激发学生的学习动力，实现以学生为主体的教学。尊重学生在教学中的个体独特性，使学生形成批判性的思维能力，能够对知识进行迁移和运用。掌握主动学习的方法，这与核心素养所提出的学生全面发展的诉求不谋而合。单元教学设计也必须以学科核心素养为基本导向，实现单元教学要素向单元教学目标倾斜的整合倾向使教学单元中的核心知识体系结构化和功能化。单元教学能够促进学生的知识建构，形成学生所需的能力和素养，是核心素养落地的有效手段。

因此，深度学习和单元教学都强调整合性教学，二者都是由整体到部分再到整体的教学过程，能够让学生感受知识生成的过程、感知问题解决的思路与方法，从而形成系统性的知识结构，以系统性的视角看待知识之间的关联性。

第二章　高中信息技术
深度学习单元教学的界定

第一节　高中信息技术
深度学习单元教学的内涵与特征

一、高中信息技术深度学习单元教学的内涵

（一）高中信息技术深度学习

高中信息技术深度学习是指教师在深度学习理论的指导下，将普通高中信息技术新课程教学内容进行单元教学，学生围绕某个具体的挑战性项目单元进行学习，积极参与、体验成功、获得发展，全面提升学生的信息技术学科核心素养的学习过程。

（二）深度学习单元教学

深度学习单元教学是在单元教学的基础上衍生出的一种教学模式。它是指在深度学习理论的指导下，从单元视角出发，分析学生情况、课程标准和教学内容，以单元为单位进行整体的统筹规划，细化单元教学的过程。

（三）高中信息技术深度学习单元教学

高中信息技术深度学习单元教学是一种反对将学科知识内容碎片化的教学方法，它更注重将相似的知识内容整合在一起，形成聚焦于学科核心概念的学习单元。然后根据单元中不同知识点的需求，综合利用各种教学活动和教学策略，围绕一个具有挑战性的学习主题，帮助学习者完成一个相对完整知识单元的学习。此外，每个课时之间都形成了环环相扣、螺旋上升的"问题链"，这有助于引导学生通过使用信息技术去解决遇到的问题。在这个过

程中，学生不仅能够掌握基础知识与技能，还能够领悟学科思想，提升信息技术核心素养。学生通过对信息技术知识的学习、对基本活动经验的获取，才能在学习过程中感受内在的信息技术思想方法。理解了信息技术基本思想方法，不仅可以帮助学生更加系统化地建构知识体系，而且可以帮助学生更好地进行知识的迁移与运用，促进信息技术思维的发展。信息技术学科核心素养的形成离不开信息技术基本思想方法的掌握，其引导着学生的信息技术学习过程。深度学习的信息技术单元教学要求在此基础上，结合信息技术学科特征，从单元视角出发进行单元教学。

二、高中信息技术深度学习单元教学的特征

课堂教学改革一直是我国基础教育课程改革的核心问题之一，课程改革最终要以课堂教学改革为抓手，来实现真正的教育改革，促使核心素养落地。然而，教育改革不能局限于浅显地在课堂上运用一些所谓的现代科学技术，引入昂贵的现代技术工具，抑或是简单地变革教学方式方法，而是要能够看到方式方法的转变和信息技术的运用给教学带来了什么样的转变，在教学中的实施成效是什么。教学设计是以特定的理论和原则为基础，对教学过程和教学方法进行最优化设计的过程，以实现既定的教学目标为最优化程序。深度学习的信息技术单元教学具有以下特征：

（一）驱动性问题的引领性

产生信息技术学习难点的一个重要影响因素在于学生对于信息技术学习意义的感知，而如何运用信息技术知识解决现实生活问题是感知信息技术学习意义的有效途径。对于初中阶段的学生而言，学生的学习内驱力还不足，往往由外在动机驱动。因此要保障单元教学中深度学习的品质，引领性的"驱动性问题（driving question）"就成为重要的特征之一。驱动性问题是指从单元角度出发挖掘与整个单元知识紧密相联，与现实世界密切相关，能够让学习者感受到所学知识的重要性和必要性的问题。设计驱动性问题需要注意以下两个方面：一是教师在选择问题，进行教学设计之前自身要具备单元整

体性观念，在教学理念上对单元主题式的教学有相应的理解和准备。二是教学活动的设计与实施要契合单元主题意义。从单元角度出发进行教学设计，教学活动要从整体性视角构建单元主题意义，活动的设计与实施要依托单元教学目标进行，使学生在驱动性问题的带领下反复理解单元主题意义所在，领会单元主题的价值性。

（二）学习目标的聚焦性

要促进学生实现深度学习，就需要以学习目标为起点进行教学设计，保障主要学习目标的实现。深度学习的重要特征在于学生在学习过程中能够实现高阶思维的发展、迁移运用能力的提升以及实践创新的培育。而单元教学强调单元学习主题的鲜明性，强调设置驱动性学习问题。因此，深度学习的单元教学要求学生能够通过单元学习探究实现对知识的内化以及迁移运用。从信息技术学科本身知识的综合性和递进性出发，以整体性、综合性的视角，综合分析课程标准、教材以及学生学习情况，进而设置单元学习目标，促使单元教学目标向着学科育人的方向聚焦。

（三）学习内容的整合性

单元教学的教学内容选择要以整合性为基础。区别于单个课时的教学，单元教学的主要内容包含学科基本知识、学生个体经验以及与其他学科相关联的内容。对于初中学生来说，有既往学习的信息技术知识以及日常的生活经验，已经具有初步的抽象思维和逻辑思考能力。因此，教师在进行单元教学时需要重视学生的认知基础和思维特征，从学生个体生活经验出发，将学习内容加以整合，实施单元性的教学活动设计，实现知识经验从理解学习到应用综合的学习过程，促进学生信息技术基本思想方法和高级思维能力的发展，以及解决问题能力的提升。

第二节　高中信息技术深度学习单元教学的意义

一、落实学科核心素养

我国新一轮的基础教育课程改革自 2017 年开始施行，基础教育课程改革致力于从课程目标、教学方式、评价体系等方面对我国教育进行全方面的变革。基础教育课程改革提出要实现以培养学生核心素养、实现学生全面发展为目标，要转变现有的课程教学方式，改变课堂教学知识灌输学习的现状。在这样的背景下，各种教学方法和模式在中国逐渐兴起，各种各样的教学实践改革层出不穷，给我国的基础教育带来了无限生机。然而深究我国教育实践改革，在各种各样的教学模式背后，课堂教学的本质问题并没有解决，教师在没有掌握课堂改革根本需要的情况下实行着这些看似新颖的课堂教学方法，课堂教学从"满堂灌"变成了"满堂问"，浅表化的问题导向学习和翻转课堂模式并不能够促进学生主动学习的积极性，也不能够促进以学生为主体的学习。因而教学中常常会出现为什么"教了还学不会"，为什么"教了还不会学"这样的疑问。究其原因，是教师没有做到促进学生的深度学习，真正的学习没有发生。"深度学习"的重要性正是在这样的背景下展现的，深度学习旨在探究和拓展学生学习的广度和深度，引导以学生为主体的学习和学生的主动学习，符合我国基础教育改革的核心素养教育目标。崔允漷提出：核心素养概念的提出象征着"教学目标的转变"，简单的"了解"和"识记"知识点不能满足现代教育的需求，新型教学目标注重学生对知识概念及与其之间联系的掌握，注重学生对知识的实践运用，关注学生如何运用知识持续、正确地做事。核心素养的提出打破了学科知识之间孤立教授的现状，要求教师要从大单元角度进行教学设计，可以说，学科核心素养的出台倒逼教学设计的变革。因此，单元教学作为能够促进深度学习的重要手段和方式，对单元教学进行整体的教学设计能够使教师对教学过程有充分的准备和预设，合理地安排教学课时，从最优化的角度促进学生的深度学习。改革的需要呼吁理论研究能够搭建旨在促进学生深度学习的教学设计模型，从教学设计的原则和方法入手，提升课堂实效，促进学生学科核心素养的发展。

二、落实高中课程改革

2017 年教育部颁布《普通高中课程方案》，在课程实施方面提出重要建议，提出应当采用适应学生发展的探究性学习方式，培养学生主动学习的能力，进而实现学生在发现和提出问题、分析和解决问题过程中的知识和技能的发展，促进学生沟通交流、互相合作能力的发展。深度学习理念旨在探索促进学生思维发展的基本理论，其研究致力于建立一种教学实践改革模型，从教学策略、教学方法等层面入手搭建深度学习路线，为切实落实基础教育改革任务做出贡献，是落实普通高中课程改革的重要途径。

三、奠基学生终身学习

课堂教学是以教师为主导，学生为主体的双边互动的过程，其目的在于实现学生的发展，培养能够适应社会需要的人才。在社会日新月异的变迁中，如何学会学习，如何实现终身学习是课程教学改革应该思考的方向。深度学习理论提倡在教学过程中发展学生的高阶思维，保障学生的自主思考，体现对学生认知能力的培养，是对学生终身发展能力的提升。从单元教学角度出发，促进学生的深度学习，进行高中信息技术单元教学，能够在帮助学生知识建构的同时，学会如何学习的策略，为其终身学习奠基。

第三节　与其他教学的区别

高中信息技术深度学习单元教学从整体单元的角度出发，根据教材章节划分或者不同知识点的需要，确立明确的学习单元，综合利用各种不同的教学模式和方法，通过课时合理安排让学生经历一个相对完整的单元知识学习。单元教学正是从这个角度出发，对单元教学的目标、内容、方式方法等进行预设，旨在促进单元教学最优化。从深度学习理论出发，对单元教学提出一些内在的要求。单元教学与其他教学设计的区别在于：

一、教学目标分层化

教学目标分层化是指在设计深度学习的单元教学时需要从两个层面入手设计教学目标，一是单元整体教学目标，二是课时教学目标。

单元整体教学目标的确定是单元教学的第一步，单元整体教学目标引导着整个单元教学的方向与进程，对整个单元教学起到主导作用。安德森曾经指出：对于教学目标的制定，最有效的方法可能是把它置于一些基本背景之内（如一个教学单元之内），而不是针对单一的教学目标孤立地制定。确定单元整体教学目标要从以下三个方面入手：一是研读课标。课程标准明确了学生在相应学段教学后应该达到的标准，课程标准对教学目标的制定起着导向作用。课程标准的"学科核心素养与课程目标""核心素养水平""学业要求""学业质量"提出了学生应该达到的素养目标，对它们加以分析，可以获得核心素养的表现性要求。二是研读教材，通过对教材进行分析，弄清教材的单元设置体系和编写意图，确定教材呈现的知识内容在学科体系中有怎样的逻辑关系联系。三是研判学情，学生的认知基础是其学习新知识的奠基，新知识的有效获取需要在其已有知识的基础上孕育，因此，在确定教学目标时要先明确学生的基本学情，搞清楚学生的知识基础、原有经验、学习倾向和学习障碍是什么，在此基础之上，明确学生的最近发展区，才能更好地制定适宜的教学目标。

课时教学目标的制定需要在单元整体教学目标的基础上，根据单元教学内容和学生的认知情况合理地划分单元教学课时，在进行课时教学设计时要根据课时教学内容对单元整体教学目标进行拆分与细化，设置相应的具象化课时教学目标，明确课时目标的上下线，以便于促进整体教学目标的实现，促进学生的深度学习。

二、教学进程明确化

单元整体教学设计是从单元角度出发进行教学设计，因而对教学进程的规划有明确的设计与划分。根据单元教学的知识类型和任务不同，结合信息技术学科特点以及儿童认知规律，可以将单元课型分为五种基本课型——单元导读课、概念生成课、技能训练课、单元建构课、单元专题课。

（一）单元导读课

单元导读课是在学习单元知识内容之前，学生在教师的引导下对即将要学习的知识内容整体感知和明晰的过程，对单元的学习内容进行整体视角的结构化认识。教师需要在系统化思维的引导下，借助对单元知识的结构化梳理，从学生已有的知识和经验出发，引导学生进行单元导读，明晰"为什么学""学什么"和"怎样学"，突出单元知识的整体性、结构性和关联性，为单元学习奠定基础。该课型的基本任务为"为什么学"（明晰本单元学习的重要性及必要性，界定对于本单元所属的知识模块以及单元知识在所属模块中的位置和作用，以及与其他知识内容的联系，对其他知识学习的影响），"学什么"（单元学习内容的核心与重要组成，包括知识、技能以及情感态度目标），"怎样学"（学习本单元时将用到的信息技术思想和方法）。单元导读课为学生的知识建构打下基础，能够激发学生的学习动机、学习兴趣，是必要的先期准备。

（二）概念生成课

概念生成课是教师在学生已有的认知基础上，对单元相关的核心知识进行有序的呈现。学生在教师的引导下，逐步体验知识发生和形成的过程，在理解概念的基础上，进一步体验知识概念中蕴含的信息技术思想方法和信息技术情感，实现学习的"螺旋上升式"的递进过程。信息技术概念的掌握和理解，是后续知识迁移、应用、掌握基础技能的基石，是发展信息技术逻辑思维能力和空间想象能力的前提。该课型的基本任务是抓住单元核心知识概念，明晰概念的发生发展过程，从而引导学生抓住概念的本质，理解和掌握相应的原理和法则，同时激发学生生活或知识中的"先行组织者"材料，使学生明晰知识之间的内在联系，以达到概念的内化、迁移和运用。在这个过程中，学生能够积极地感悟信息技术思想方法，发展基本技能，积累活动经验。概念生成的过程可大致归纳为概念引入—概念生成—概念建构—概念应用与巩固。

概念生成课可能涵盖几个课时，在进行整体教学规划时要注意两点。一是纵横融通的知识内容：横向知识结构；纵向知识结构。二是精致长程设计方法结构：感悟信息技术本质；利于学生知识的自主建构。

（三）技能训练课

技能训练课是在学生掌握知识概念、定理、原则的过程中和过程后开展的针对性强化训练，帮助学生进一步理解所学的概念和定理，促进知识的内化和吸收，同时帮助学生对新知识进行实际运用，感受知识运用的方式方法，感悟知识有效性，既能够形成熟练的知识应用技能，又能够在这个过程中感悟知识的实际用途，进一步激发学习主动性。"教"不等于"学"，"学"不等于"用"，只有能真正迁移和运用知识解决实际问题，才能够形成对知识的深度理解和深度学习。技能训练课与概念生成课是学生学习并掌握单元核心内容的主要阶段，两者相辅相成，是相互融合的学习过程。该课型的基本任务是经历问题解决的过程。在例题和习题的应用下，逐步理解某一类信息技术问题的本质和解决问题时所需的基本步骤和方法，明晰习题与所学知识的内在联系，逐步培养学生的基本知识和基本技能。技能训练的基本过程可归纳为特殊实例—归纳总结—实例应用—技能自动化。

（四）单元建构课

单元建构课是在单元课程内容教学基本结束后，梳理和归纳本单元主要知识内容、技能、基本思想方法等，从而帮助学生进一步深化知识建构，使学生的知识体系趋向条理化、结构化、关联化、整体化的课型。单元建构的主要目的在于引导学生进行知识的主动梳理和建构，在帮助其形成本单元知识相关的结构链条和体系时，促进学生自主建构、汇总梳理、总结提炼等技能发展，促进学生学会学习，终身学习发展。该课型的基本任务是知识回顾。学生在教师的引导下，自主回忆单元的主要内容，再次借助"为什么学""学什么""怎样学"三个基本方面来进行单元内容整体回顾。第二是知识整理。学生按照自己的学习习惯和整理习惯，将单元知识内容进行组合，感悟知识的整体性、结构性和关联性。在这一部分思维导图的运用尤为重要，思维导图或知识构成图是对知识整体结构化的呈现，思维导图的良好结构性有助于学生的理解和吸收。学生可以参考教师提供的思维导图样例，结合自己对知识的独特感悟和理解，按照自己的学习习惯绘制相应的单元思维导图，并在课堂上进行交流评价，相互借鉴。

（五）单元专题课

单元专题课是为学生实现"学会独立思考，体会信息技术的基本思想和思维方式"的教学目标而精心设计的课型。单元专题课是熏陶学生信息技术文化，彰显信息技术基本思想方法，培育学生信息技术核心素养的重要组成部分。单元专题课以"三步三环"的基本教学范式来开展，其实施的三个主要环节：明确教学目标和知识价值取向—巩固单元主要知识结构及重要思路方法—探讨研究典型例题并进行对比分析。单元专题课实施的三个教学策略：以深度体验助力信息技术思想萌芽；以明确思想方法助力信息技术思想破土；以亲身实践助力信息技术思想生长。

这五种课型设计的基本目的旨在实现单元教学的教学目标。五种课型体现了单元教学过程中不同的侧重点，互为补充，为单元教学提供坚实的支撑。这种对于单元教学课型的统筹规划，打破以往教学实践中"部分—整体"的教学设计思路，实现以"整体—部分—整体"为教学设计思路架构来呈现整体单元教学，从而提升教学设计实效，以逐层递进的方式实现单元教学的螺旋式上升。

三、教学活动持续化

单元整体教学设计是从整体视角来俯视整体的单元教学安排，形成一个单元教学整体，单元教学需要宏观的整体教学设计，但单元教学是以课时教学为依托的，需要依靠课时教学来实现。因此，在进行单元教学时，还需要细化课时教学设计，预设课时教学活动。在设置教学活动时，需要注意以下方面：

（一）主问题驱动

以问题为导向进行教学设计需要教师在进行教学设计时根据单元学习目标和单元教学内容，将教学单元的主干知识问题化，让学生通过基本问题的解决来完成单元学习目标。从大问题出发，以大探究为主线，实现教学活动的大生成，能够帮助学生实现其信息技术思维从孤立到联系，从浅层到深度的发展。设计驱动性问题，在教学时围绕核心问题开展，并根据教学情境和学生学习情况将其分解成一系列的问题，学生在一步步解决问题过程中，不仅能够形成对主问题的理解，从而促进主干知识的理解，还能够在一步步的问题解决过程中，逐步加深对知识的理解，从而获得学习成就感，激发学习动机，实现主动学习。

（二）创设真实情境

建构主义学生观提出学生作为独立的主体，在学习新知识时，并不是建立在空中楼阁上的，学生是有着丰富的过往知识经验和认知基础的。以学生的知识经验为基础，创设生活化的问题情境，能够将学生更好地引入到问题解决情境之中。向学生提供认知背景或者场景。一方面，在知识上为学生提供背景知识，提供知识的生长点，激活学生的先期知识，从而更好地理解知识，促进知识的意义建构，另一方面，在情感上，提高学生学习的积极主动性，感受解决问题的趣味性和急迫性，达到感染或熏陶的效果。这就要求教师在教学时能够基于学生的生活经验和已有知识基础，创设有利于问题解决的真实情境，为学生提供丰富的核心问题的背景材料。

（三）善用变式教学

变式教学是指在教学过程中通过向学生呈现相似但有变化的问题情境，提高学生解决问题的能力。变式教学的本质在于保持相似问题情境中的本质属性和基本知识不变，通过不断的形式变换呈现，从而突出问题的本质属性，使学生能够通过问题解决和分析归纳一步步地理解并掌握所学知识的本质，教师在教学中要做到将所要展现的事例或是题组进行组合搭配，逐层递进，让教学呈现丰富多彩、层层推进的亮点。

四、反馈评价多元化

单元教学评价的设计强调以《课程标准》为基本的评价制定标准，与单元教学目标的设定相结合，实施贯穿单元教学全过程的评价设计。评价的最终目的并不在于评价本身，而是强调要以评定教。以评价为引导，对单元教学以及教学实施过程进行合理的反思与改进，助力培育学生的信息技术学科核心素养。

在评价过程中要从以下两点出发：一是评价的多元化倾向。首先是评价主体的多元化。评价主体既要从教师角度出发，也要从学生层面的相互评价和自我反思出发，还可以从家长层面出发，以评价主体的多元化帮助学生形成对自身的客观认知；其次是评价方式方法的多元化。在评价方式方法的选择上应该根据不同阶段评价的侧重点不同，选择适宜的评价任务，采用表现性任务、随堂测验、单元测验、口头检测、个别访谈等有效的评价手段，帮助教师全面了解学生的单元学习成效。二是评价的持续性。单元教学强调持续化的评价。单元教学开始前的小测验可以了解学生的认知基础；单元教学过程中的评价有利于教师及时洞悉学生的学习情况和学习效果，从而做出合理的反馈，对学生的学习和自己的教学进程起到推进作用；单元教学后的评价，可以让学生以丰富多彩的方式展现自己的学习成果，也利于教师在整体视角上对学生的学习做出评判和反馈。

第三章　高中信息技术深度学习单元教学的设计

第一节　高中信息技术深度学习单元教学的原则

要建构有效的单元教学流程，首先要明确指导单元教学的原则，从而促进单元教学建构的实效性。以深度学习理念为指导，结合普通高中阶段的课程标准的要求以及单元教学的要点确立教学原则如下。

一、立足高阶思维，注重教学目标定位

教学目标的确立是教学设计的起点，对整个教学过程的设计有着引导和指挥的作用。教学目标的设立确定了教师在教学过程中的着力点。首先，在传统教学中，教学目标定位往往从教师的角度出发、从教学的角度出发去考虑。教师在设定教学目标时考虑的是应该怎么教，应该怎么设定教学方式方法，怎么将知识传递给学生，这种传统的灌输式的课堂教学很难适应信息化时代的发展，认为这种教学目标的设定未能考虑到学生学习的主体性。深度学习理论下的教学目标认为教学目标的确立应从学生的学出发。在核心素养的导向下，教育主张培养能适应新时代社会发展，具备社会发展所需要的必备品格和关键能力的全面发展的人才，教育的目的在于立德树人，在于促进学生的长足发展。在这样的社会大背景下，教师的教是为了学生的学，教学目标的确立自然要从学生学习的角度出发去进行建构，只有立足学才能弄清楚教。其次，在设定教学目标时既要考虑教学目标的具体性、可行性、可操作性等特征，又要兼顾到不同学生的不同需要，实现教学目标的层次化。教师要从学生的学习现状出发，充分把握学生的学习情况，从基本知识和基本

技能出发，从情感态度、价值观出发去界定教学目标，不能割裂三维目标的内在联系。深度学习立足于高阶思维的发展，教学目标的设定应该致力于"分析、评价、创造"等高阶思维能力的发展，不能仅停留在基础性目标上。

二、把握教学主题，注重教学内容整合

在深度学习的内涵界定中，大多都提到深度学习要从问题学习出发，围绕有意义的学习单元进行学习，这意味着深度学习的内容以有意义的学习单元为特征，主题学习是实现深度学习的主要途径。

（一）学习单元的整体性

深度学习强调要让学生进入知识生成的情境中，感受知识学习的意义以及知识的生成过程，这就要求教师能够建构有意义的学习单元。深度学习是学生通过对先期知识和以往生活经验的激活，理解所要学习的新知，并对新知识进行深度加工，将其纳入到已有的认知结构中，从而实现对知识的建构。深度学习下的教学内容呈现基于问题的多维度、多角度、多层次的知识的整合，以有结构层次的、符合学生认知规律的方式进行呈现，这样的学习单元既符合学科知识的基本逻辑，又符合学生心理发展规律，适合学生的主动学习。教师在设计这样的教学单元时，需要依据学生的学习需要，以及其他教学的现实需要对教材进行全面的分析与整合，深入挖掘教材中各个知识的内在联系，将教材内容重新进行有机组合，形成适合学生学习的学习单元，使内容具有"弹性化"和"框架式"的特征。

（二）学习单元的挑战性

学习单元是教学中学生开展学习的主要载体，因此，深度学习的课题选择与设计至关重要。学习单元的挑战性在于两个方面，一是相对于知识学习而言，学习单元本身学习内容的挑战性；二是在学习单元设计上具有的挑战性。

学习单元的设计是为了学生能够以学习单元为主要的媒介和载体，进行知识的学习和建构。学习单元本身内容在设计上需要具有一定的挑战性。深

度学习之所以强调教学的作用就在于学生需要在教师的引导下进行学习，而不是简单的自学。钟启泉在论述深度学习的特征时提出：深度学习的课题选择应当实现从"基于教科书水准"到"超越教科书水准"的转变。他提出，要让深度学习真正发生就要从传统的满足于"懂"与"会"的教学中摆脱出来，让班级全员挑战"不懂"与"不会"的教学。借用维果斯基的教育学理论表示，就是学习单元的设计要符合学生的最近发展区，要将学习内容设置为学生现有学习水平之上的，是学生现阶段本身不能达到的知识水平，但借助教师的帮助和引导能够"跳一跳"而达到的标准。这样的设置既能够促使学生高阶思维的发展、知识的有效建构，还能够使学生在学习过程中体会到由"不会"到"会"的成就效能，进一步刺激学生的学习兴趣和学习动机。

学习单元的设计需要切实满足学生的学习需要，从整体角度出发，实现对知识的有效整合。因而，对教师而言，教师的教学设计能力很大程度影响着学习单元的有效性。首先，学习单元的设计要求教师能够对学科学习内容进行分析与整合，有整体的统筹安排与设计，又要求教师进行教学设计时必须对学科内容有整体的认识与把握，能够从学生学科核心素养发展和学科知识逻辑的角度，从整体俯瞰每一节课在学习单元中的位置和作用，从而对教学内容进行统筹安排，从单元学习到每一节课的具体实施，把握学生学习的整体进展，及时对学习单元进行调整与改进。

三、创建教学情境，注重教学过程引导

从深度学习的内涵来看，深度学习注重学生对知识的迁移能力发展，要求学习不能停留在单纯对知识的理解，而是要对学习情境有深度剖析。有效的教学情境的创设不仅能够将所要学习的知识与学生的现实生活和已有的知识相联系，为学生知识建构提供帮助，还能够帮助学生以旧知识搭建阶梯引导学生学习新知识；良好的教学情境能够激发学生的学习动机，让学生处在有意义的学习环境中，或置身于急需解决问题的情境之中，促使学生进行主

动的探究，培养学生的学习自主性；深度学习要求教师引导学习者历经知识的产生过程，从而了解知识的结构和知识产生的意义，良好的学习情境是实现这一步骤的重要载体；知识是情境性的，知识的不确定性和相对性要求学习者要能够厘清知识情境的关键要素，辨别情境的本质，从而实现知识在新情境下的迁移与应用。由此可以看出，要实现深度学习，教师必须要精心创设学生学习的丰富情境，引导学生实现学习目标。

四、选择评价方式，注重学生学习评价

深度学习旨在培养能够超越学习知识本身，能够适应未来社会发展，具备主动学习能力的人，因此，对于深度学习理论而言，相对于对知识学习结果或纸笔测验的结果的关注，其更注重对学生学习过程的关注。深度学习主张从多维度，多角度，采用多样化的评价方式，对学生和教师做评价。近年来，随着形成性评价和发展性评价概念的兴起和发展，要求教师在教学过程中全方位关注学生的学习过程、学习方法和学习情感，并给予恰当的、及时的反馈与评价，以便于学生根据教师的评价及时调整自己的学习状态。另外，教师对自己教学的评价与反思也尤为重要。教师的引导与教学是学生深度学习的关键要素之一，只有教师根据学生学习过程中的评价与反馈，及时对自己的教学计划和教学方法加以改进，才能更好促进学生的深度学习。

以往的教学评价只注重对学生学习结果层面的评价，而深度学习下的教学评价更注重学生自身经历学习历程后对所学知识内容以及学习经历的价值评价。这样的价值评价在于让学生对自己学习内容的科学性、有效性，以及对自身学习及生活的价值性持有一种批判性的态度。当学生对自己所学的知识内容进行价值评价时，会将所学的知识与自己的学习和生活积极联系起来，用来判断知识学习的价值何在。这样的价值评判使得学生不再将知识视为与自己无关的外在存在，而是让知识真正融入自己的生活中，成为内化于心的存在。这种价值评价，能够使学生感知到知识学习的必要性和知识学习

的成就感,从而促进学生的主动学习,成为学习的主体。另外,价值评价使学生认识到,不能用短浅的眼光去看待知识是否有用。在知识信息爆炸的现代社会,这样的能力培养是十分有必要的。

第二节　高中信息技术深度学习单元教学的要素

深度学习概念的兴起，代表了对教育教学的新的改革方向的出现。深度学习这一名词的出现虽然起源于对人工智能领域的研究，但其本身概念是旨在强调学习的深入性。深度学习所强调的不是简单的教育方式变革或是教育模式的改变，也不是简单的教育主体的变化与转移，其强调的是教育的应然样态，强调的是教育教学的本质目标。要深入研究深度学习如何指导单元教学，就要先明确深度学习视域下教学设计中的基本要素。

一、目标分析

应试教育体系在我国由来已久，应试教育的本质在于为甄别和选拔人才服务。在这样的教育大背景之下，"填鸭式"的知识学习充斥着教学课堂，越来越多的纸笔测验，越来越繁重的学业压力压弯了学生的腰。但不得不承认的是，在应试教育的重压之下，"灌输式"的学习以及大量的重复性的练习确实有其存在的合理性。但随着教育改革的加快，这样的教学模式逐渐受到诟病，认为不应当将简单的了解和机械记忆知识作为课堂教学的目标，单一的、重复的、机械化的学习不利于学生真正吸收和理解知识。以"应试"为目标的教育教学往往会使学生缺乏继续学习的动力，缺乏探索创新的能力，缺乏真正适应社会的本领。社会已经对教育提出了新要求，我们的教育目标也要随之改变。

"深度学习"一词本是针对计算机领域提出，被运用在机器学习方面，但其蕴含着使机器学习能够向人工智能的方向发展的希冀，希望机器学习能够向着人类的思维方式靠拢，能够有效分析样本数据及其内在规律。这一概念中本身就隐含着人类学习是一种"深度学习"的含义，间接性地指出学生学习的目标应当是知识的内在规律。引入到教育领域之中，"深度学习"强调的是以学习者自身为主体的有意义的建构性学习，强调目标的设定不应当停留在了解和记忆层面，而应是更深层次的高阶思维的发展，强调对知识的深刻理解。

从建构主义理论出发，学生对知识的学习过程是一种建立在原有知识结构基础上的及对知识的不断同化与顺应的建构过程。因此，学生想要达到对知识的深刻理解就离不开"联想与建构"。所谓"联想"，指的是学生在学习新知识之前大脑中总是存在着一定的先期知识和认知经验的，只是这些知识和经验往往以散乱的、无序的、内隐的形式存在于学生的认识结构之中，那么在学习新知识的时候，这些已有的知识就可以被重新激活和改造，从而形成旧知与新知之间的桥梁，成为有效的"先行组织者"。所谓"建构"就是指学生通过联想的过程对新知识进行同化与顺应，通过个性化的再关联形成对知识本身及相关内容的再建构，从而形成独特的认知过程。因此"联想与建构"都是将学生的个体经验作为知识学习的生长点，建立其与知识之间的联系，在这个过程中，学生的个体知识经验成为孕育新知生长的土壤。

正如布鲁纳所述：将所要学习的知识与其他知识之间进行有意义的联结，学习有关知识之间联系的原理是掌握知识的最好方式。因此，深度学习的单元教学是一种对知识的有意义学习，能促进学生的发展。

二、主体分析

在我国传统教育历程中，教师往往在课堂中占据主体地位，处在绝对的优势地位，是课堂话语权的拥有者，而学生往往只能成为知识灌输下的被动吸收者，知识呈现一种单向传输的倾向。自第八次课程改革实施以来，学生在课堂教学中的地位问题得到广泛关注，认为学生应以课堂教学中的主体性存在。而在实际教学中"满堂灌"变成了"满堂问"的现象屡见不鲜，这种现象值得我们关注。而深度学习理论的提出是对课堂中教师角色和学生角色的一种重新审视，对二者的角色地位提出了挑战。

学生是独立的个体存在，这也决定了学生在学习上的独特性。深度学习理论提出教学过程应当以学生主动参与为主，强调教学活动要以问题情境为依托，调动学生参与学习的积极性，使其能深度参与到学习过程之中，强调其在教学过程中的主体地位。因此，深度学习理论下学生是作为具有主观能动性的个体存在的，在教学活动中具有主体性，这不仅要求学生要了解和掌握知识性的内容，更要求学生能够掌握解决问题的方法和技能，要求学生发展主动学习、迁移创新的能力，从而达成真正的深度学习。

深度学习并不是指学习过程只是学生自主学习的过程，而是指在教师的指导和帮助下学生实现自主学习。因此，在学习过程中，要达到教学目标，实现学生的高阶思维发展，平衡学生学习的积极性与学习任务的复杂性之间的关系，教师在其中扮演的角色尤其重要。在深度学习理论下，教师可以成为学习活动的引导者，在教学过程中对学生进行及时的反馈和引导，使学生学习能朝着积极的、正确的方向前进；教师可以成为教学活动的设计者，创设有意义的生活化问题情境，使学生参与到学习过程之中，让学生感悟到主动学习的乐趣。通过教学活动的设计拓展丰富的教学资源，为学生提供扩展性的学习资料，促进学生深度学习的实现。

三、教学活动分析

深度学习强调的是一种深入式的、彻底式的学习过程，其所要求的学习任务本身就是具有复杂性和挑战性的。正如维果斯基提出的"最近发展区"理论一样，教学应当走在学生发展前面，是学生在教师的帮助下"跳一跳"即能掌握的学习内容。如何才能实现知识的深度学习，教学活动的处理至关重要。郭华在《如何理解深度学习》一文中提出了"让学习真正发生"的教学过程模型。她基于对俞正强老师的课堂观察为例，绘制了学生在课堂上的学习活动图，如图 2 所示。

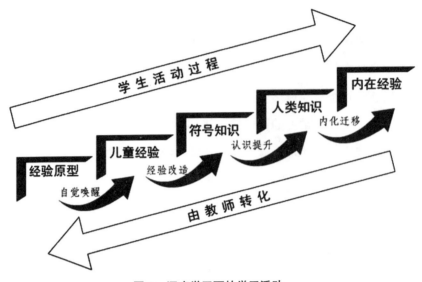

图 2　深度学习下的学习活动

　　从图中我们可以看出，深度学习下以学生主动学习为基础的教学过程经历了两个转化过程。一个是基于学生的角度来讲，通过教师创设的教学情境问题，学生得以唤醒生活中类似的经验，从而在教师的引导下，使学生主动将生活经验加以改造，形成初步的认知，再通过教师提供的多样化素材和案例认识到知识的本质，并通过类似的迁移与应用认识相类似的知识，这是一个经验内化的过程，学生从生活原型的外在经验内化成体系的、结构化的、科学化的内在经验。学生的学习认识过程，是教师将具体的学科知识一步步依据学生的发展水平进行经验外化的过程，将成体系的学科知识外化成能与学生生活实际产生联系的经验原型。这是一个"教"与"学"相互转化、相互依存的过程，揭示了深度学习如何发生的教学本质。

四、评价分析

　　"以评促教"教育评价对教学活动有着深刻的影响。深度学习的单元教学评价的设计，一方面对教学目标的改进和完善具有建设性的意义，另一方面对教学活动的设计和实施提供方向上的指导。

　　深度学习下的单元教学评价设计首先从单元教学的目标出发，目标既是单元教学活动的出发点，也是单元评价的起始。只有真正能够检测教学目标的教学评价才是行之有效的评价。将教学目标的要求与教学评价的指标相对应，对教学过程展开全面的评价，才能够既有效检验学生深度学习的结果，又能够体现单元教学的整体性，实现教学单元目标、过程、评价的一体化。

在评价方式的选择上，我国传统教育评价多采用以纸笔测验为主的单一方法，以"唯分数论"来评估学生学习的成果。而追求理解的教学设计理论指出，在整体的单元教学中，教学过程中的评估设计是非常重要的一环。评估不应是简单的纸笔测验与测评，教学评价也不只是教学过后的简单测验和考试，而应当贯穿教学设计的每一个环节。因此，为形成连续跟踪式的评估，实现评估的连续体系，表现性任务是要点。表现性任务指的是在类似于现实情境或是问题情境的相应情境中能够检测学生认知发展和能力发展的任务，其核心在于学生在与真实情境相似的情境中得到真正有效的"测试"。这种以表现性任务贯穿整个教学过程的评价设计正契合了我国近年来大力倡导的表现性评价理念。结合多样化的评价方式，这样的评价设计能够与单元教学评价一致，是促进学生深度学习的重要评价体系之一。

第三节 高中信息技术深度学习单元教学的模型

要建立深度学习理论下单元教学的流程，首先要厘清深度学习下教学发生的真实路径。在既往研究中，为促进深度学习在实践中的运用，很多研究者对深度学习的教学策略或是教学实践模型做出了阐述。在建构相应的实践模型时，很多学者认为要注重教学设计的循环提升，从而实现教学设计对教学过程的保障，促进教学实效的提升。教育部基础教育课程教材发展中心刘月霞在其多年研究和大范围教学实验的基础上，提出以单元教学的设计与实施作为基础的深度学习教学实践模型，如图 3 所示。

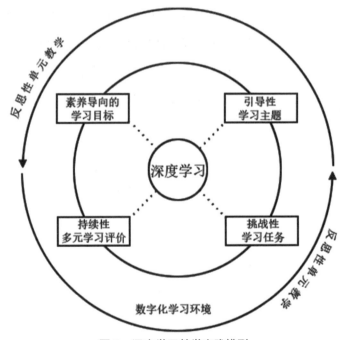

图 3 深度学习教学实践模型

在这个教学实践模型中，以单元教学为基本依托展开教学设计和实践。在这个过程中突出素养导向的"学习目标"、引领性的"学习主题"、挑战性的"学习任务 / 活动"、持续性的"学习评价"。其强调教学实践过程应当在单元大问题的引领之下，对教学实践活动进行整体化、系统化、情境化的改造，呈现具有挑战性的教学活动或任务，强调在这个过程中学生反思性学习评价的伴随，以营造更具开放性的学习环境，由此建构相对整合的教学活动实践模型，使学生最终完成深度学习。这种深度学习的教学实践模型强调了单元教学的循环性，体现了以教学设计保障教学实施，提升教学实效；以教学实施过程改进教学设计的良性循环，是教学设计模型中创新性的体现。在此基础上，本书结合教育部课程中心的深度学习教学实践模型，依据新课标的分析和新教材的特点，构建了基于深度学习理念的高中信息技术单元教学模型，如图4所示。

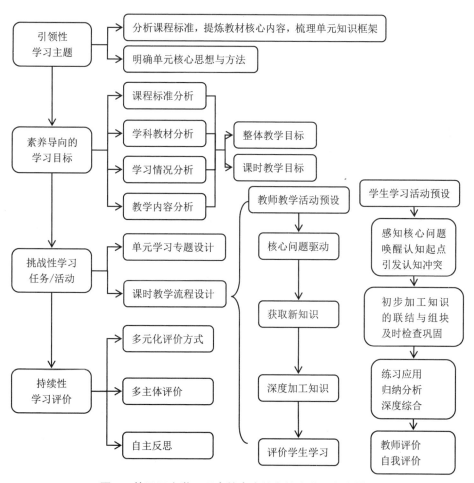

图4　基于深度学习理念的高中信息技术单元教学模型

一、引领性学习主题

（一）梳理教学内容

在规划单元教学，梳理教学内容之前，教师应当依据《普通高中信息技术课程标准》（以下简称《课程标准》）了解高中信息技术各个模块划分，明确各个模块的教学主题以及模块之间的联系，熟悉课程标准对各个模块的教学要求以及活动建议。结合对课程标准的解析，对所要学习的内容进行整合与梳理，包括对知识结构的分析和对具体内容的分析。对于信息技术学科而言，单元模块划分比较明确，高中阶段的信息技术必修课程由两个模块组成，课标明确给出了每个模块包含的主要知识，因此，对于信息技术学科而言，按照课标划分，进行知识脉络的梳理是确定教学内容的最主要步骤。

确立学习主题和梳理教学内容有以下三种方法：

1. 依据教材章节划分

教材是由专家团队编写而成的具有科学性和权威性的教学资料。教师依据教材现有章节确立学习主题，将章节教学内容作为主要教学内容进行梳理。这种方法一定程度上保障了单元划分的科学性，常适合于新课讲授。

2. 依据课标主题划分

教师在进行教学设计时也可以按照课程标准中的模块和主题划分单元教学。这种方法更能契合课程标准对学生知识学习的要求，使学生的知识学习更加具有系统性，但其要求教师具备专业的信息技术学科知识以及丰富的课程教学经验，才能保障单元教学划分的科学性。例如在沪教版一年级对于数的认识以及简单加减法的认识中，可以依照课标的要求，将二十以内的加减法与整十数的加减法相结合，形成对加减法相对完整的认识。

3. 依据项目学习需要划分

项目化学习是现今广泛实行的一种学习方式，学生和教师以某一具体的学习问题为依托，综合性地学习相关知识。项目化学习的核心问题多以学生生活情境中值得探讨的学习问题展开，这种方法强调真实性和挑战性。教师在进行教学设计时可以根据项目学习要求规划单元教学，这种方法更强调知识的跨学科融合，更具有开放性。

（二）规划教学课时

确立学习主题，梳理教学内容后，要对单元教学课时进行规划。规划教学课时，教师要注意教学主线的时间安排和教学内容的顺序编排。

在教学时间的安排上要从单元核心问题以及单元重难点着手合理分配时间，实现教学时间分配向单元重难点倾斜，以便于学生的知识建构。在教学内容顺序编排上要以单元主线问题为依托，注重各个课时之间知识内容的衔接，课时教学的合理安排可以在一定范围内阻碍教学难度的生成。

针对高中信息技术而言，信息技术课本容量相对较大，而一节课的时间相对较短，因此，针对重难点的内容可以依据现实需要重新规划教学课时。

二、素养导向的学习目标

学习目标对整个单元教学起着引导性的作用，是单元教学的指挥棒。制定学习目标需要从以下两方面考虑：一是学习目标要以课程标准为总体规划，课程标准规定了学科育人的总要求，学习目标需要在学科课程目标的统筹之下，才能够促进学科核心素养的培育与落地。二是学习目标的确定要基于学生的学情和基本认知规律，要契合学生的"最近发展区"。只有确定了学生的最近发展区，教师才能够更好地帮助学生获得发展。因此，在确定学习目标时要从以下四方面入手。

（一）确定认知起点

学情分析是确定学习目标的基础。制定学习目标之前教师要基本了解学生的学情。学生的认知起点指的是学生在过往的学习过程中所获得的认知基础、运用信息技术思想方法的能力以及对于信息技术学科学习的态度与动机。教师可以根据实际情况选用其中一种或者多种方法来确定学生的认知起点，这些方法的使用能够使教师更加科学确定学生认知起点，使学习目标的制定更具有针对性。对于高中信息技术而言，学生认知正在向抽象思维过渡，因此在学情分析中需要质性和量化结合测量。

（二）教学内容解析

不同于对教学内容梳理和课时规划，教学内容解析是对单元教学内容的进一步梳理，其目的在于对教学内容进行深入剖析，明确单元教学内容中的核心内容、教学价值以及教学重难点所在。教学内容解析从单元知识组块入手，对整个单元的重要单元组块进行深入分析，能够进一步帮助教师明晰如何确定学习目标，同时也有利于教师形成对整个单元学习内容的深度了解，为促进学生深度学习的单元教学打下基础。

（三）优化教学方法策略

单元教学是一种超前于课时教学设计的方法，教师需要对单元教学中的教学策略和教学方法进行充分的预设，以确保教学策略和教学方法实施的有效性。在实际教学过程中，图示策略、概念转变策略、任务驱动策略等都是教师的常用策略，这些教学策略中蕴含了信息技术基本思想方法，便于教师更好实现教学目标。教学方法的选择需要依据教学核心内容的改变而做出改变，在新知学习或者概念建构部分通常采取讲授法（教师直接讲解知识概念）、发现法（基于问题探究实现知识建构）、归纳法（总结归纳有规律的实例或事实以获得知识）、对话法（通过师生问答厘清思路，得到结论）；在技能训练或迁移应用部分通常采取讲授法（教师讲解或演示操作与步骤）、练习法（通过练习获得知识经验）、操作实验法（通过动手操作或实验验证获得知识经验）、案例实践法（通过情境再现解决问题）。

（四）制定课时学习目标

课时学习目标是在学习目标的基础上对其进行再分解的过程。课时学习目标的制定需要以学习目标为指引，结合学科核心素养以及课标要求，以学生认识起点为基础，确定各个课时的基本课型、学习目标以及教学重难点，明确哪些知识需要学生达到深度学习水平以及需要达到的深度，以便指导课时教学和评价学生的学习。课时学习目标的制定方便教师从整体角度对学习目标进行层层规划，从而一步一步推进单元整体学习目标的实现。就初中阶段的信息技术知识而言，虽然其内容相对来说呈现综合性强、难度增加的趋势，但相对来说知识脉络比较清晰，知识结构梳理难度不大，这种知识结构上的层次性可以作为课时目标划分的重要依据。对课时学习目标的总体规划体现了单元教学的整体化思想，能够使知识脉络逐层呈现。

三、挑战性学习任务 / 活动

单元学习任务 / 活动设计既包括对单元整体活动的规划与设计，也包括具体的课时教学设计，实现教学设计中整体和局部的统筹。

与传统的单个课时的学习任务 / 活动设计不同，单元任务 / 活动整体规划是就单元整体知识架构设计活动主题。而深度学习理论也要求教师的教学设计要从大情境、大问题出发进行教学设计，因此，对单元活动主题和活动目标进行深入分析，需将单元活动贯穿在教学设计之中。

（一）核心问题驱动

深度学习理论强调学生对知识的批判吸收和对知识的意义建构。对于很多学生来说，信息技术知识是游离于生活之外的，学生很难体会到信息技术知识学习的必要性和意义性。因此，在教学设计中，教师要注意学习情境的搭建和核心问题的设计，有意识地将信息技术与学生生活相联系。

1. 设计核心问题

核心问题的设计是课时教学设计的关键部分，也是课堂引入部分的重要组成。核心问题能否解决是衡量课时学习目标是否完成的重要依据。核心问题的设计要贴合课时教学目标，可以从真实的生活情境入手，挖掘教学核心问题，使整个教学以核心问题为主线，明晰课堂教学思路。

2. 唤醒认知起点

学生的认知起点可以作为学生新知学习的生长点。无论哪种课型组成，唤醒学生认知起点都是必不可少的一部分。教师通过真实情境创设，让学生回忆既往知识经验，挖掘相关内容，从而唤醒学生的认知起点。教师也可以运用"先行组织者"策略来辅助教学。

3. 引发认知冲突

在信息技术学习过程中，学生对于知识学习的深度和广度是逐渐增加的。因而，学生既往的知识经验以及其对信息技术学科知识的认识是片面的。引发学生的认知冲突是教师课堂教学的首要任务，让学生认识到这种不全面，教师可以从学生的既往学习经验入手，重现学生知识学习的背景，也可以从具有挑战性的问题出发，让学生认识到既往知识的局限和片面，引导学生主动探索和接受新知。

（二）获取新知识

1. 知识的联结与组块

教师在进行教学设计时要对教学目标进行分解，单元教学目标依托课时教学目标实现，而课时教学目标则需要进一步分解在课堂教学的过程中。教师在进行课时教学设计时，可以对课时教学内容进行细化分析，将其分解成不同的知识组块，通过不同的教学步骤加以呈现，注意组块的呈现顺序和组块之间的关联性。要使不同的知识组块以符合学生认识发展规律的顺序向学生呈现，学生在产生认知冲突的基础上进一步强化自己的认知冲突，获得新的信息技术知识。这个过程通常以板书、多媒体展示等多样化的形式呈现，使学生感受知识的生成过程，感受知识的意义性。

2. 初步加工

信息技术概念和规律中常常蕴含着丰富的信息技术基本思想方法和信息技术文化。信息技术教学的最终目的不是在于单个知识的教授而是要促使学生学会如何学习信息技术，如何运用信息技术基本思想方法解决基本问题。因而在课时教学设计中要帮助学生搭建适合其思维成长的框架，显现知识的加工过程，促进学生从低阶思维到高阶思维的过渡，为学生深度学习打下基础。

3. 及时检测和巩固

及时反馈是促进学生深度学习的一个重要方面。及时检测和巩固是指在课堂上要给予学生适当的操作训练的时间。对于高中阶段的信息技术学科而言，知识是错综复杂的，概念和规律是抽象的。及时的操作训练能够帮助学生进一步理解知识，简单地应用和巩固知识，让学生对于知识的理解不再停留在抽象阶段，而是与现实生活建立联系。及时巩固还有利于教师及时感知学生的学习程度，对自己的教学设计做出细微的调整，彰显教师的教育机智，发挥过程性评价的作用。

（三）深度加工知识

1. 操作练习

信息技术是一门操作性的学科。信息技术知识的最终生成依赖于解决问题的操作过程。练习是通过适量的、难度适中的操作对所学知识内容进一步消化吸收。在练习中巩固学生的知识结构，这是完成知识内化和知识体系建构的重要步骤。操作能够帮助学生在现实情境中运用知识，感受知识的意义性，是深度加工知识的前提。操作过程还可以通过解决问题来完成，通过有针对性、趣味性的真实问题来帮助学生深度加工知识，练习的布置应具有一定的开放性，做到难度适中，层次分明。

2. 归纳分析

对比于应用阶段，分析阶段指的是教学过程中操作演示阶段或者是作业处理阶段。教师在进行教学设计时应当对学生的应用过程充分预设，对操作演示进行讲解，在分析时要做到精讲精练、一题多解，充分发挥操作演示的作用，让学生既可以掌握基本的解决问题的学科思维，又能够适当拓展思维，锻炼思维能力。

3. 深度综合

综合是建立在分析的基础之上的，综合指的是教师应当对习题进行相应的归纳和总结，对解题方法进行梳理和整合，也可以在学生总结的基础上进一步扩充完整。综合阶段能够让学生对所学知识的迁移与运用有更加系统的认识，提升学生的解题思维。

（四）评价学生学习

1. 教师评价

教师评价对学生具有指导意义。教师评价要以多元化和多样性为主要特征，结合课上与课下进行整体性评价。形成性评价的内容包括学生的学习方法、学习习惯、学习态度等，在进行教学设计时要能够做到对学生的课堂回答有充分的预设，提前预设在教学过程中应该注意的事项。诊断性评价主要针对学生知识点掌握程度和思想方法的运用熟练度，在教学设计中应该以教学目标为依托进行诊断性评价的设计，以作业和小测验的形式为主。结合深度学习理论，评价应当是一个不断调整与动态生成的过程，因此，教师在进行教学设计时也要学会"留白"艺术，为自己的调整和改进留下空间。

2. 自我评价

自我评价与反思是学生学习过程中积极的能动性的展现。学生的自我评价与反思主要针对自身的知识学习效果以及在学习过程中相关学习策略的有效运用情况。教师在进行教学设计时要引导学生对自己的学习做出及时的评价与改进，可以在教学过程的设计中加入"同学们是否认同这个观点""你们都做对了吗""你们是否认同这位同学的观点"等引导性话语，引发学生的自我调控。

四、持续性学习评价

单元学习评价是单元教学中不可缺少的一环，只有通过对单元教学过程不断评价才能够实现对教学设计的不断改进，从而实现学生深度学习的闭环。对于单元教学评价设计应当遵循多主体、多样化、多元化的特征。教师可以通过单元复习、单元小测验、期中期末考试等方式对单元教学进行总结性评价，也可以根据学生作业完成情况设计表现性评价。

此外，教师还可以采取质性评价方式对学生的学习效果或是学习表现做出相应的评价，SOLO 分类法可以作为其理论依据。教师在进行质性评价时，需要融合学科特征和相应的课标要求，因此，本研究针对 SOLO 分类法在信息技术上的运用做出以下划分。

前结构水平（A）：学习者基本不能理解教师所提出的问题或者明确教师布置的信息技术任务。在回答问题或做任务的过程中，不能够联想有关知识点，容易被无效因素影响，其对于问题的理解是片面的，因而呈现语义混乱、答非所问的特点。学习者基本不能理解所学的信息技术基本知识，信息技术思维发展程度非常低，不能以自己的感知对信息技术知识内容进行探究，缺少自我反思。

单点结构水平（B）：学习者能简单理解教师提出的问题或者明确教师布置的信息技术任务。在回答问题或做任务的过程中，能够联想一定的有关知识点进行解答，但其对于问题的回答是片面的，孤立的。

多点结构水平（C）：学习者能基本理解教师提出的问题或者明确教师布置的信息技术任务。在回答问题或做任务的过程中，能够提取相关的知识点，对于问题的回答能从多个角度出发，但缺乏对知识点之间的联系与综合。

关联结构水平（D）：学习者能理解教师提出的问题或者明确教师布置的信息技术任务。在回答问题或做任务的过程中，能够提取相关知识点，从多个角度出发回答问题，并能够建立知识之间的联系，回答有一定的系统性。

抽象拓展结构水平（E）：学习者不仅能够系统解决信息技术问题和学习任务，还能够对特定的信息技术内容提出深刻的理解和感知，对解题思路和方法能够进行一定的抽象和归纳。对于知识的迁移和运用更加深刻，具有创造性，有深刻的自我反思。

深度学习作为一种指向学生深度理解的学习，其结果是能通过一定的外在能力表现所体现的，因此，可以通过对这种外在能力表现的划分来判断学生深度学习的状态。以 SOLO 分类法为依据对学生的深度学习状态进行相应的划分，透视学生的思维结构，帮助教师对教学成效和教学适切度做出相应的评估，对单元教学做出及时的调整，使单元教学更具延展度和适切性，促进学生深度学习的生成。

设计评价与反思教学评价是教师提升教育教学能力，改进教学实效的重要基石，教师的专业成长离不开对自己教学的不断反思与改进，单元教学要求教师不仅要针对课时教学设计进行反思与改进，及时调整自己的教学设计，还要立足于单元视角，反思自己在单元教学中的不足，结合学生反映的教学效果，对单元教学进行更深入的反思与改进。本研究提出的教学设计流程是在深度学习理论的基础上进行的单元层面的教学设计流程建构。通过对信息技术学科体系知识的梳理，建构相应的单元教学流程图和知识思维导图；通过对知识的深度加工，促进学生高阶思维发展；以 SOLO 分类理论为划分依据判断学生深度学习情况，实现深度学习与单元教学的深度融合。

本研究提出的教学设计流程是在融合深度学习理论的基础上进行的单元层面的教学设计流程建构。通过对信息技术学科体系知识的梳理，建构相应的单元教学流程图和知识思维导图；通过对知识的深度加工，促进学生高阶思维发展；以 SOLO 分类理论为划分依据判断学生深度学习情况，实现深度学习与单元教学的深度融合。

第四节　高中信息技术深度学习单元教学的流程

一、引领性的学习主题

引领性学习主题概括了单元教学的主旨目标，是单元教学的核心。在引领性学习主题中，应当突出本主题独特的学科核心素养发展价值。这种独特的学科核心素养发展价值既包括依托于核心知识形成的学科思想与方法，也包括应当形成的基本态度与价值观念。后续的活动和评价设计都应支持这种素养发展价值的实现。

【主题知识结构】

知识结构的分析是单元教学的基础，通过知识结构的分析可以聚焦核心知识，梳理教学内容之间的关联，确定主要的研究对象。

【课标要求与内容价值】

课程标准概括化地阐述了最重要的教学内容及其价值，基于课程标准可以确定核心概念，或者对自行概括的核心概念进行佐证。

要全面分析课标要求，关注核心概念和思想方法的主要应用领域和相关探究实验要求，以此作为挑战性任务设计的依据。

【主题学情分析】

做主题学情分析时，可以整体性地探查和了解学生对本主题内容的认识。除了分析知识基础外，应特别关注本主题中学生思想方法层面的基础和发展点，并结合一定的实证来诊断学生的障碍点。

二、素养导向的学习目标

课程育人具有整体性，素养导向的单元学习目标应当全面反映核心素养。单元学习目标的表述应当是可落实、可检测的，应当有核心知识和活动作为载体。这就需要在引领性学习主题的基础上，将学科核心素养具体化，挖掘本主题学习内容独特的素养发展价值（见表1）。

表1　确定素养导向的学习目标参考模板

课标素养名称	单元学习目标（可测＋关联）	对应关系说明
		对应素养…
		对应素养…
		对应素养…
		对应素养…
		对应素养…

三、挑战性学习活动

【设计依据与价值分析】

挑战性学习任务强调"做中学"，要求"做"与"学"是紧密关联的，挑战性的任务与核心知识、思想方法应当是匹配的。为了保证其一致性，在设计挑战性学习任务时，首先关注课程标准的相关要求。

【单元学习活动的规划】

挑战性学习活动要体现高中信息技术学科核心素养的发展与进阶，活动之间需要体现出一定的逻辑性，通常可以根据学生认识发展线索（学科观念、角度思维、能力等发展），或者真实问题解决的线索来规划单元中的挑战性学习活动。

具体活动设计如表2所示。

表2　设计挑战性学习活动参考模板

课时	活动／任务	教学过程
第1课时	活动1	
	…	
	活动n	
…	活动1	
	…	
	活动n	
第n课时	活动1	
	…	
	活动n	

四、持续性学习评价

【评价内容与指标】

评价内容是对素养发展目标的具体化，评价指标是结合挑战性学习活动，对评价内容的操作化界定。

基于这样的考虑，确定的评价内容和指标（见表3）。

表3　确定持续性学习评价内容和指标参考模板

评价内容	评价指标

【评价的方法】

深度学习中的评价不是为了评定和区分学生，而是为了探查学生认识、发现问题、调整教学，是为了促进学生的学习。因此，比较理想的评价方法是在教学活动中，根据学生的表现进行评价，实现教学评的一体化。设计表现性评价时，应该根据学生学习活动的特点，选择评价的契机与具体方式（见表4）。

水平的规划应参考《课程标准》中学业要求和学业质量水平，并与单元学习目标、评价指标相关联。

表4　规划持续性学习评价方法参考模板

评价阶段	评价建议
第1课时	评价方式： 评价要点：
…	评价方式： 评价要点：
第n课时	评价方式： 评价要点：

五、开放性学习环境

促使学生深度学习的教学，要为学生深度学习、应用知识解决问题的过程创造适宜的学习环境。设计和实施开放性学习环境包括学习场地、学习资源、学习共同体。学习场地的设计要根据学习内容的特点和学校设施情况选择信息技术专用电脑室，根据学习任务和活动的开展分配学生小组合作，设计适宜小组合作的环境和合作指导方案。学习资源包括设计辅助学生学习的电脑和摄像头等硬件设备；设计数字资源、学习软件等虚拟环境；设计匹配的学案、文档、评价量表等支持系统。

六、反思性教学改进

反思性教学改进的核心是反思，落点是对教学的优化改进。反思性是深度教学的重要品质，教师要反思自我与学生、教学内容及教学环境之间的关系。

【课前对以往教学的反思】

根据往常的学生表现，教师进行反思，提出改进建议

【课中对学生表现与设计效果的反思】

根据课堂中学生学习表现进行的反思和提出的改进建议

【课后反思与改进】

根据学生课堂学习表现、作业、测试等多方面的体现进行的课后反思和提出改进建议。

第五节　高中信息技术深度学习单元教学的策略

高中信息技术深度学习单元教学策略是教师有计划地引导学生学习，力求达成教学目标的教学取向，是利用课堂教学培养学生核心素养的途径和方法。

（一）学科知识结构化策略

知识结构化就是帮助学生寻找学科知识之间的逻辑联系，帮助学生深刻理解信息技术核心概念。而深度教学强调知识处理的广度和深度，关注知识之间的关联度。因此，教师在进行深度教学时，首先需要进行教学内容分析。一方面，要分析与相应单元学习有关的知识体系，即知识本位；另一方面，还要分析这些知识所承载的学生核心素养发展价值，即知识的教育功能。教学内容分析是进行深度教学的重要前提，只有厘清知识本体中各部分的逻辑关系和脉络，同时从学生发展的角度来看待这些知识的教育功能，才能统筹考虑，系统性设计学习活动。

高中信息技术是一门综合性很强的基础学科，知识量大而且比较分散，如何将分散的知识关联起来，让学生能够深刻理解知识的概念和迁移，学科知识结构化就显得至关重要。学科知识结构化可以通过思维导图来呈现，通过展示和分析思维导图，学生可以从看似杂乱无序的知识点中梳理内在逻辑关系，从而更好地、更清晰地理解知识结构。学科知识结构化策略不是单纯地列出知识框架，而是通过对高中信息技术学习内容的研究和分析，梳理出能够反映信息技术学科思想方法、培养信息技术学科核心素养的核心概念或大概念，从核心内容出发生成思维导图，让学生对知识结构的脉络有清晰的认识。

（二）教学内容主题化策略

教学内容主题化是在深度教学设计中，教学内容主题的确定着眼于学科核心内容，充分体现学科属性的特点和学习者特征。是基于核心内容的本质理解的学习主题设计，不是完全打破原有学科课程内容和教材的逻辑框架，也不是刻意超越学科知识前后的认知顺序，而是基于学科核心内容的整体分析，确定教学内容主题，并通过调整内容呈现的顺序、形式、拓展和补充学习资源等途径，将教材呈现的内容设计成满足学生学习需求的素材。深度教学围绕某一核心概念组织教学，激发学生深入参与，发展核心素养。教学内容主题化策略主要从学科核心内容的特征、新课程标准和新教材内容、学科基本思想与方法、学生认知水平及能力发展等方面进行思考。

依据学科课程标准。《课程标准》是国家课程的纲领性文件，规定了每个学科的课程性质、课程目标、课程内容、实施建议和评价建议等，反映了课程改革所倡导的基础理念、基本规范和质量要求，整体呈现了学段的学科课程内容和具体内容之间的关系，是确定教学内容主题化的第一依据。

依据学科教材内容。教材是依据《课程标准》编制的、系统反映学科内容的教学用书，是《课程标准》的具体化，教材内容是教师选择教学内容、组织教学活动的重要依据，根据本校学生情况，最大限度地用好教材，是课程内容情境化、实现深度教学的关键。

依据学科核心素养。核心素养的特征之一是具有统摄功能，核心素养在学生发展的不同阶段都有不同表现，对此教师要全面了解、理解，才能站在学科整体角度做好教学内容主题的选择和确定。基于学科思想方法和大概念选择教学内容主题，就是要以核心素养及其进阶发展为目标，对相关核心的教学内容进行整合。

依据学生的实际情况。学习主题并不是唯一的，只有适合学生的才是最好的。由于学生的知识基础、能力基础、思维方法、认知结构、学习动机等存在差异，在课堂教学中需要根据学生的实际情况适当调整主题的大小、主题的内容、学习任务的难度，这样才会有助于开展深度教学。

依据信息技术学科热点。从生活中提出问题，运用信息技术学科知识、技术解决问题，再进行迁移应用，将数据、算法、信息系统、信息社会有机结合起来，让学生认同解决现实生活中的许多问题离不开信息技术。同时，体会到利用信息技术造福人类生活的方方面面，从而培养学生解决生产生活问题的担当和能力，形成信息社会责任感。

（三）学习过程活动化策略

学习过程活动化是相对静态化和惰性化而言，主要是让学科知识和学生思维"活"起来，通过经历一定的过程和完成一定的任务进行学习并获得知识，而不是直接从教材上获得结论。深度教学是以核心内容的整体分析和学生学习特征的分析为基础，引发学生的有效参与，促进学生的深度思考，实现教学目标。在具体操作中，着重围绕核心内容及其探究主题，以学习任务或问题情境为线索承载学习内容，设计具有挑战性的学习活动，创设学生有效参与的问题情境，提出引发学生深度思考的关键问题，设计引发学生深度思考的学习活动。学习过程活动化策略是根据学习内容的特点、教学目标的要求、学生的思维发展状况，适时创设能够促进深度思考的学习活动，引导学生积极参与，最终达到将所学知识与情境建立联系并实现迁移应用的目的。深度教学的一个重要环节就是组织学生的深度探究活动，使学习过程活动化，在组织探究活动中，应重视"探究"二字，重视学生主动性，给学生足够的时间和空间去自主探索和操作。

（四）教学评价多元化策略

深度教学的评价应从传统的一元性评价向多元性评价转变，着重在评价的功能、主体、内容和方法上考量，评价者和被评价者对此要有更深的认识，有一个开放的心态，尊重多元价值的存在，不断进行反思和总结，便于学生在成功体验中明确自身存在的不足，促进学生核心素养的形成。

1. 评价主体的多元化

在评价的主体上，可以根据实际情况采用多元主体，以体现评价的合理性，发挥自评对学习的有效监督和促进作用，同时也能重视教师评价的权威性和方向性。另外，在深度学习理念下，教师还应注重激励性教学评价，关注学生的探究热情，通过激励性、引导性的评价语言，便于学生在成功体验中明确自身存在的不足，促进学生核心素养的形成。

2. 评价内容的多元化

对于学生而言，评价内容的多元化除了包括最基本的学业要求，更重要的是要评价其具体的学习态度、目标达成、活动表现、解决问题和反思意识等。

3. 评价方法的多元化

评价方法要求在总结性评价和过程性评价中达到有机结合，实行定量评价和定性评价，冲破原有的只从学习结果方面评价。多元化评价方法要专注于评价过程中方法的新颖性和实效性，基本的总结性评价的方式固然重要，但是学生在学习期间的过程性评价也应纳入其中。基于此，老师可以通过学习过程评价量表和项目活动评价量表，将两者结合得出合理而全面的评价结果。

对于学生在项目活动过程中的表现，根据具体的项目活动内容，从整个项目活动过程设计评价标准。学生可以参考项目活动评价量表的标准来进行项目活动，在完成项目后，依据项目活动评价量表对项目程序进行自评、互评和师评，评价后小组可以针对评价意见对项目进行修改完善。

第四章 高中信息技术
深度学习单元教学的评价

第一节 高中信息技术
深度学习单元教学的实践设计

一、教学实践目的

本研究的目的是将高中信息技术深度学习单元教学运用在高中信息技术课程教学中，并验证单元教学对学生深度学习是否有促进效果，使学生的信息技术核心素养得到全面发展。

在高中开展单元教学实践活动，并在教学实践前与教学实践后分别进行测量，然后通过对比测量的结果总结出高中信息技术深度学习单元教学对学生信息技术核心素养发展的影响。同时，本研究会将在教学实践中对学生问卷调查作为参考，总结高中信息技术深度学习单元教学的优势与不足，为今后更新教育理念，改进高中信息技术教学起到一定的借鉴作用。

二、教学实践对象

本教学实践选取的实验对象是高一的两个班级，这两个班级分别有 55 名学生，共计 110 名学生。两个班级的学生都通过了初中信息技术学业水平合格考试，具备一定的信息技术基础。高一学生的思维发展处于形式运算阶段，思维的速度和质量都处于较高的水平。但高一学生虽然有自己的独立意识却又不完全独立，对于较难、较抽象的学习内容较容易失去兴趣。因此，在课堂上开展以深度学习理念为理论基础，以单元教学的视角联系生活实际进行教学改进，以促进学生的信息技术核心素养发展。

三、教学实践内容

该校高一年级使用教科版高中信息技术必修1《数据与计算》的教材，Python 程序设计的内容，在该教材中"算法和程序设计"一章有所涉及。在此章节中与 Python 教学相关的内容，有温标转换问题、用计算机计算圆周率等与 Python 程序设计有关的学习项目。本研究的教学内容设置以此教材为基础，并且参考其他版本的新教材内容，结合笔者对 Python 程序设计软件的理解以及对高中生认知特征的分析，最终确定了教学实践的内容以基于项目的学习为教学方法开展。

四、测量工具

本研究采用高中信息技术学业水平质量考试试卷（附录一）以及学生问卷调查（附录二）作为测量工具。

第二节　高中信息技术
深度学习单元教学的效果分析

一、开展高中信息技术深度学习单元教学前后对比分析

（一）学生成绩数据前测分析

为了解现阶段学生的学习情况，在高中信息技术深度学习单元教学实践前，选择了两个班级分别作为实验班和对照班，将高一信息技术学业水平合格考试成绩作为研究的前测依据，如表5所示。

表5　前测成绩数据显著性差异对照

	班级	N	平均值	标准偏差	t	显著性（双尾）	显著性差异
前测成绩	实验班	55	59.18	6.31603	−1.282	0.203>	无显著性差异
	对照班	55	60.82	7.05295		0.05	

从表中可知：实验班的平均成绩59.18，对照班的平均成绩60.82，实验班平均成绩比对照班稍低一些。显著性（双尾）为0.203>0.05，即P>0.05，说明两个班级的信息技术成绩无显著性差异，即在没有开展高中信息技术深度学习单元教学实践前，两个班级学生的前测成绩无显著性差异。

（二）学生成绩数据后测分析

经过一轮的教学实践后，为检验高中信息技术深度学习单元教学对学生学习的影响程度，以两个班级的期末信息技术考试成绩作为实验的后测依据，如表6所示。

表6　后测成绩数据显著性差异对照

	班级	N	平均值	标准偏差	t	显著性（双尾）	显著性差异
后测成绩	实验班	55	86.91	8.56624	2.9082	0.004<	存在显著性差异
	对照班	55	81.20	11.77474		0.05	

由检验结果得出：对照班没有将深度学习理念应用在课堂常规教学中，后测成绩为81.20；实验班是将深度学习理念应用在课堂教学中，成绩为86.91，远大于对照班成绩，由P为0.004<0.05，说明两个班级的后测成绩存在显著性差异。

（三）学生成绩数据前后测分析

在对实验班和对照班进行前后测配对样本t检验后，如表7、表8所示，实验班前测成绩与后测成绩的差值为−27.73，对照班前测成绩与后测成绩的差值为−20.38，P<0.001，两个班级的成绩存在显著性差异，说明高中信息技术深度学习单元教学对学生的学习有一定的影响，能够提高学生学习效果，对培养学生的学科核心素养起到积极的作用。

表7　前后测学生成绩配对样本统计

班级	项目	N	平均值	标准偏差	标准误差平均值
实验班	前测	55	59.18	6.31603	0.85165
	后测		60.82	7.05295	0.95102
对照班	前测	55	86.91	8.56624	1.15507
	后测		81.20	11.77474	1.58771

表8　前后测学生成绩配对样本t检验对照

班级		平均值	标准偏差	标准误差平均值	下限	上限	t	自由度	显著性（双尾）
实验班	前测 − 后测	−27.73	9.44	1.27	−30.28	−25.18	−21.79	54	<.001
对照班	前测 − 后测	−20.38	14.21	1.92	−24.22	−16.54	−10.64	54	

第三节　高中信息技术

深度学习单元教学的问卷调查分析

为了检验学生对持续性评价的态度以及学生深度学习的效果，以便为后续教学评价提供相应的建议。对高一年级2个班的80名学生进行"持续性评价在高中信息技术教学中应用效果"网络问卷调查，本次问卷共发放了80份，回收75份，问卷回收率93.75%，其中有效问卷75份，有效率为100%。问卷设计有22个题目，分为学习态度、目标达成、活动表现、解决问题、反思意识五个维度。

一、利用积差相关法（Pearson法）分析问卷调查的效度

为了了解学习态度、目标达成、活动表现、解决问题、反思意识是否对学生有影响，利用SPSS25.0对问卷调查数据进行分析，分析的结果（见表9）。

表9　相关分析结果

Correlations

–		学习态度	目标达成	活动表现	解决问题	反思意识
学习态度	Pearson Correlation Sig.（2–tailed） N	1 – 75	– –	– –	– –	– –
目标达成	Pearson Correlation Sig.（2–tailed） N	0.725** 0.000 75	1 – 75	– –	– –	– –
活动表现	Pearson Correlation Sig.（2–tailed） N	0.659** 0.000 75	0.781** 0.000 75	1 – 75	– –	– –
解决问题	Pearson Correlation Sig.（2–tailed） N	0.683** 0.000 75	0.844** 0.000 75	0.853** 0.000 75	1 – 75	– –

续表

–		学习态度	目标达成	活动表现	解决问题	反思意识
反思 意识	Pearson Correlation Sig.（2-tailed） N	0.553** 0.000 75	0.880** 0.000 75	0.808** 0.000 75	0.897** 0.000 75	1 75
注：** 在 0.01 水平上（双侧）显著相关						

由表 9 的效度分析结果得知，本问卷调查中的学习态度、目标达成、活动表现、解决问题和反思意识五个维度之间均在 0.01 水平（双侧）的显著相关，说明学习态度、目标达成、活动表现、解决问题和反思意识五个维度的相关性较强，即本次问卷调查反映了学生的真实水平，有效性和准确性较好，符合效度要求。

二、利用克龙巴赫系数（Cronbach）分析问卷调查的信度

为了进一步检验问卷的稳定性和可靠性，根据问卷调查数据，利用 SPSS25.0 对其进行克龙巴赫系数（Cronbach）问卷信度的分析，分析结果（见表 10、表 11）。

表 10　信度分析结果（一）
Reliability Statistics

克龙巴赫 Alpha	基于标准化的克龙巴赫 Alpha	项数
0.977	0.977	22

表 11　信度分析结果（二）
Summary Item Statistics

–	平均值	最小值	最大值	全距	最大值 / 最小值	方差	项数
项平均值	2.296	1.880	2.560	0.680	1.362	0.030	22
项方差	1.021	0.675	1.413	0.739	2.095	0.038	22
项间相关性	0.658	0.381	0.908	0.527	2.384	0.009	22

由表 10 信度分析结果得知，本问卷调查中进行信度分析指标有 22 个，信度系数为 0.977，大于 0.9，说明该问卷的信度甚佳，可靠性和稳定性极好。由表 11 信度分析结果得知，项平均值行 22 个评估指标（项数）平均分的基

本描述，包括平均值（2.296）、最小值（1.880）、最大值（2.560）、全距（0.680）、最大值与最小值的比（1.362）、方差（0.030）。同理，项方差行和项间相关性行分别表示对 22 个评估指标方差和相关系数，包括平均值、最小值、最大值、全距、最大值与最小值的比、方差基本描述。

第二部分

术：实践案例

　　"术"是能力，能力是知识、方法、策略和经验的集合体；"术"乃方法，只有掌握方法，才能行其道，将理想变成现实。本书中的"术"即不断提升教学方法，探索和积累高中信息技术课堂中实用的单元教学案例，当然，还要持续更新信息技术教学所需要的信息技术知识技能。

第五章　高中信息技术深度学习单元教学案例

案例一　数据助力数字化学习

一、引领性学习主题

本案例的引领性学习主题可以表述为"通过学生学习习惯、行为和评价数据案例剖析与实践，了解数字化工具中数据存储的一般原理与方法，理解数据、信息与知识的相互关系，合理选用数字化工具支持个人学习，实现知识建构，适应数字化学习与生活。"本案例围绕信息技术课程学科大概念"数据"展开。数据是对客观事物的符号表示，在计算机科学中是指所有能输入到计算机中并被计算机程序处理的符号的总称。数据是信息的载体，可以通过数字、文本、声音、图像、视频等多种数字化形式传播，成为信息时代每个公民基本生活的一部分。数据广泛应用于各行各业，深刻影响着人们学习和生活。

【主题知识结构】

根据对本单元对应《课程标准》的分析，结合教材的具体内容，从数据的相关概念和应用出发，围绕数据、信息与知识、数据编码、数据科学与大数据来构建结构化知识体系内容结构，本案例中的主题知识结构如下图所示。

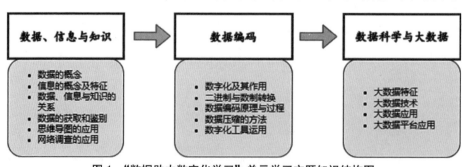

图 1 "数据助力数字化学习"单元学习主题知识结构图

【课标要求与内容价值】

本案例属于高中信息技术必修 1《数据与计算》模块，对应课程标准内容要求 1.1、1.2、1.3，具体为"在具体感知数据与信息的基础上，描述数据与信息的特征，知道数据编码的基本方式；在运用数字化工具的学习活动中，理解数据、信息与知识的相互关系，认识数据对人们日常生活的影响；针对具体学习任务，体验数字化学习过程，感受利用数字化工具和资源的优势"，结合学科大概念"数据"展开，主要核心概念为"数据、信息与知识""数据编码""数字化""大数据"。本案例对应学业要求是"学生能够描述数据与信息的特征，知道数据编码的基本方式；掌握数字化学习的方法，能够根据需要选用合适的数字化工具开展学习"。由此，学业质量水平方面体现了对学生在学业方面从"能描述数据现象"到"知道数据本质"，最后到"掌握方法应用数字化"螺旋上升的要求。

【主题学情分析】

学生是信息社会的原住民，每天接触大量的数据，对各种信息产品应用耳濡目染。通过初中阶段的学习，学生达到了掌握因特网搜索信息的方法，能根据需求主动获取信息。但他们对"数据、信息和知识"概念的界定和相互的关系缺乏系统的学习。对于学生而言，通过数字化学习的过程，能够也感受到数字化学习及数字工具的功能与优势。但他们对数字化学习往往只停留在工具软件的学习上，对数字化学习背后的原理，如数据编码、数字化工具的选择等还缺乏系统认识和应用。这是学生本单元学习的"最近发展区"。

与初中相比，高一学生更需要强调基于数据的"主动"和"恰当"获取信息，他们需要在理清数据、信息和知识的相关关系基础上，学会比较不同的信息源，获取与处理信息。对于"数字化学习"，高一学生更需要深层次理解数字化学习的本质，从而选用适当的数字化工具或方法获取、组织、分析数据，并能迁移到其他相关问题的解决过程中。

"用数据助力数字化学习"单元学习主题来源于学生学习行为，能激发他们对单元学习的学习兴趣。项目成果"高中生学习习惯调查研究"能使学生在数据的获取、信息的获取过程中反思自己的学习行为，促进他们养成良好的学习习惯。"广东省教育双融双创智慧共享社区"开展线上学习更能使学生感受数字化学习的优势，并掌握常用数字化工具使用方法，这将使学生终身受益。

【规划教学课时】

根据教材编写以及单元知识结构，将本单元划分为七个课时，分别为数据、信息和知识，数据的获取与鉴别，图像编码，声音数字化，视频编码，大数据，作品展示交流。

二、素养导向的学习目标

本案例的引领性学习主题为"通过学生学习习惯、行为和评价数据案例剖析与实践，了解数字化工具中数据存储的一般原理与方法，理解数据、信息与知识的相互关系，合理选用数字化工具支持个人学习，实现知识建构，适应数字化学习与生活"。以"信息意识"素养为例，在单元中要根据解决问题的需要，描述数据与信息的关系，自觉、主动地比较不同的信息源，寻求恰当的方式获取与处理信息；根据解决问题的需要，甄别不同信息获取方法的优劣，并能利用适当途径甄别信息；根据解决问题的需要，恰当选择数字化工具，具备信息安全意识。以"计算思维"素养为例，在单元中主要体现为按照问题解决方案，选用适当的数字化工具或方法获取、组织、分析数据，并能迁移到其他相关问题的解决过程中。以"数字化学习与创新"为例，在单元中主要体现在学习过程中，评估常用的数字化工具与资源，根据需要合理选择；针对特定的学习任务，运用一定的数字化学习策略管理学习过程与资源，完成任务，创作作品。再以"信息社会责任"为例，在单元中主要体现在信息活动中，具有信息安全意识，尊重和保护个人及他人的隐私。由此可以确定本案例中素养导向的单元学习目标，如表1所示。

表 1　确定"数据助力数字化学习"单元学习目标示例

课标素养名称	单元学习目标	对应关系说明
A1 信息意识 B1 计算思维 C1 数字化学习与创新 D1 信息社会责任	目标 a：通过"高一学生数字化学习现状"的数据分析，理解数据和信息的概念与特征，能描述数据、信息和知识的关系。 目标 b：通过比较学生社科类和实验类创新大赛作品及设计"中学生学习习惯现状调查"问卷，学会比较不同的信息源，掌握运用恰当的方式获取与处理信息。 目标 c：通过完成项目"促进高中生养成良好学习习惯的对策"，掌握思维导图的绘制方法，能借助思维导图整理研讨内容。 目标 d：通过完成项目"促进高中生养成良好学习习惯的对策"，能利用适当途径甄别信息，培养信息安全意识，学会尊重和保护涉及个人及他人隐私的数据。 目标 e：通过对比传统学习和在线学习异同，感受数字化学习的优势，知道模拟信号和数字信号的区别，能够评估常用的数字化工具与资源。 目标 f：通过对在线学习数据编码问题的剖析及利用数字化工具处理"学习行为"数据，知道数据编码的基本方式，能合理选用数字化工具对多媒体素材进行加工处理，实现多媒体表达，并能迁移到其他相关问题的解决过程中。 目标 g：通过大数据的应用案例探究，了解数据科学的兴起，感受大数据的应用价值，能描述大数据的特征，培养合理使用大数据的意识。 目标 h：通过运用大数据平台查阅个人本学期各学科测验及考试等学习评价数据，培养运用大数据解决问题的习惯及安全意识。	目标 a：A1 目标 b：A1 目标 c：C1 B1 目标 d：A1 D1 目标 e：C1 目标 f：C1 B1 目标 g：A1 目标 h：B1 D1

上述单元学习目标体现了信息技术学科核心概念"数据""大数据"，蕴含了学科思想与方法"编码技术""数字化学习"，体现了"甄别信息""运用数字化学习策略完成特定的学习任务、创作作品"关键能力以及"尊重和保护个人及他人的隐私""保护信息安全"育人价值。

三、挑战性学习活动

【设计依据与价值分析】

本案例的挑战性学习任务根据高中生学情数据、数字化学习的数据编码和数字化学习过程展开。学情数据是学生学习过程中重要的基础数据。学生通过学情数据（自己和同伴）得出学习习惯、学习行为存在的问题信息，提升数字化学习生活的自主性；通过大平台学习评价报告，学会剖析自己薄弱点，培养使用数字化工具的自觉性；通过探究剖析数字编码技术，体验数字化学习优越性，能更好引导学生理解数字化学习的本质，养成良好的数字化学习习惯，提高数字化生存能力。

【单元学习活动的规划】

本案例具体活动设计如表 2 所示。

表 2   设计"数据助力数字化学习"单元学习活动示例

课时	活动	教学过程
第 1 课时	活动 1	[感受生活中的数据] 请举例在校期间及走出校园，我们身边的数据及应用
	活动 2	[比较不同类型数据] 分析比较历年来学生参加创新大赛作品，剖析信息源及获取的方法，比较不同信息源，思考甄别信息的方法 问题 1：哪些是直接数据，哪些是间接数据 问题 2：如何获取这些数据？如何甄别信息真伪 问题 3：作品中的数据包括哪些类型
	活动 3	[探究数据和信息的特征及关系] 完成"高中生数字化学习现状"调查，下载数据 实践 1：统计本班同学周六和周日使用电子产品的平均时长是 _____ 小时 问题 4：以上的结论属于数据还是信息 问题 5：以上的结论在本班讨论和传播，说明信息具有什么特征
	活动 4	[剖析数据、信息和知识的关系] 问题 6：同学们得出周六和周日使用电子产品的平均时长合理吗 问题 7：专家建议中学生每天使用电子产品的时长是多少 总结数据、信息和知识的区别及联系
	活动 5	[项目活动] 小组设计并利用网络调查工具发布"中学生学习习惯调查问卷"，收集本班同学数据，注意保护同学隐私
第 2 课时	活动 1	[利用网络调查工具整理数据] 下载"中学生学习习惯调查问卷"数据，对数据展开讨论，得出相关信息 思考：1. 如何甄别数据来源的可靠性。2. 如何运用网络平台分析数据获取信息

续表

课时	活动	教学过程
第2课时	活动2	[运用思维导图学习思考及管理知识] 制定促进本班同学养成良好学习习惯的措施，用思维导图呈现讨论结果
	活动3	[课后作业] 分小组在家用手机体验智能化的学习工具，录制体验过程：①学习方法工具：背单词 App、搜题 App；②利用"智学网"朗读英文并自动评分；③时间管理 App I hour；④资源工具，如网页云课堂、洋葱数学、化学大师
	活动4	[课后作业] 利用数字化工具获取本组同学良好学习习惯的照片和视频
第3课时	活动1	[感受数字化学习的优势] 对比传统学习和在线学习，从使用方式、应用工具、时间效率和操作流程等方面探讨异同点
	活动2	[分析模拟信号和数字信号的区别] 实践1：两名同学分别手持水银温度计和红外线温度计测量同学体温 问题1：结合学校智能测温仪，请思考三种温度计的原理和优缺点
	活动3	[体验二进制原理] 体验动画计算机内部数据，用二进制表示及其进位规则 探究二进制
	活动4	[探究字符编码过程] 探究分析：在线学习，学生提交"A"答案分析其在计算机存储的二进制 实践2：利用 ASCII 码输入字符"A"
	活动5	[探究计算机处理字符的工作过程] 问题2：针对网页浏览出现乱码问题，讨论解决方案
	活动6	[探究图像编码原理] 问题3：如何提高第2课时同学们上交的作业中的图像质量问题，从图像采样（分辨率）、量化（颜色深度）和编码（格式）分析图像编码过程
	活动7	[实践图像合成] 实践3：以"良好学习行为"为主题，选用一种图像加工软件合成一幅 4800×3200 图像，分别保存为 JPG/JPEG、BMP 和 TIFF 文件格式，比较差异
第4课时	活动1	[感受数字化学习的优势] 对比"每天课室晨读"和"英语听说训练"声音传递过程，探讨声音数字化的优势
	活动2	[体验声音数字化过程] 实践1：体验"噪声分贝计"App 探究音频编码的步骤

续表

课时	活动	教学过程
第4课时	活动3	[实践声音编码] 实践2：结合"促进高中生养成良好学习习惯的对策"思维导图，通过音频编辑软件录制一段"倡导同学养成良好的学习习惯"音频 实践3：打开原始音频，将其原始采样频率44100Hz改为5500Hz，比较不同采样频率的音频质量，探讨影响音频质量的因素 实践4：把音频文件保存为WAV和MP3格式，比较两者大小及原因
第5课时	活动1	[视频编码原理] 探究原因：线上直播课因网络卡顿等原因造成学习效率较低
	活动2	[视频编码压缩] 游戏体验：教师提供视频，学生运用压缩工具压缩视频 师生交流：总结压缩文件方法及影响压缩后文件大小的因素（如压缩格式、比特率、视频尺寸等）
	活动3	[项目活动] 选择合适的工具如PowerPoint、网页制作工具合成项目"促进高中生养成良好学习习惯的对策"思维导图、图像、音频等
	活动4	[项目活动] 运用录屏软件制作成果的汇报视频
第6课时	活动1	[认识大数据] 问题1：体验"智学网"班级单元测试大数据报告，为什么每次测验、考试后智学网能根据同学们存在的问题推送个性化练习资源
	活动2	[体验大数据由来] 问题2：个性化练习资源推送的数据是什么？与传统意义上的数据有什么区别？以什么方式呈现
	活动3	[探索大数据应用及特征] 实践1：分组体验"百度指数""高德指数""百度迁徙"和丁香医生大数据平台大数据应用平台，总结大数据特征
	活动4	[探讨大数据应用及隐私保护] 问题3：适合高中生管理知识和开展个性化学习的大数据平台有哪些？如何保护隐私
	活动5	[项目活动] 进一步完善项目"促进高中生养成良好学习习惯的对策"多媒体作品
第7课时	活动1	[项目活动] 发布成果作品及汇报微视频
	活动2	[项目活动] 根据项目活动评价量规开展小组成果交流和互评

四、持续性学习评价

【评价内容与指标】

本案例中，"数据""大数据"是学科核心概念，"编码技术""数字化学习"是学科思想与方法，"甄别信息""运用数字化学习策略完成特定的学习任务、创作作品"是关键能力，"注意保护同学隐私""利用数据决策"是社会责任；基于此剖析人工智能技术是关键；实验具有重要的方法价值；科学态度与社会责任是根本目标。基于这样的考虑，确定的评价内容和指标见表3。

表3 确定"数据助力数字化学习"单元学习评价内容和指标示例

评价内容	评价指标
核心概念及知识结构	1. 能否结合案例解释数据和信息的特征，并说明它们和知识的相互关系 2. 能否根据实际问题确定合适的信息获取策略 3. 能否举例说出大数据特征与大数据技术应用 4. 能否用二进制表示信息
变化观念	5. 能否掌握字符、图像、声音等数据编码的原理 6. 能否掌握计算机处理字符的工作过程
实践技巧	7. 能否通过网络调查平台发布问卷调查，甄别信息 8. 能否加工合成图像"良好学习行为"，并录制音频 9. 能否用思维导图工具提出促进本班同学良好自主学习习惯养成的措施 10. 能否选择数字化工具制作项目"促进高中生养成良好学习习惯的对策"报告
科学态度与社会责任	11. 主题是否明确，能否围绕项目"中学生学习习惯"展开问卷调查，信息来源是否可靠 12. 数据收集是否注意保护同学隐私 13. 汇报思路清晰，语言简洁，能引起同学对学习习惯的反思

【评价的方法】

在案例中基于活动的评价方法见表4。

表4 规划"数据助力数字化学习"单元学习评价方法示例

评价阶段	评价建议
第1、2课时	评价方式：过程性评价与作业评价相结合，教师评价与学生自评相结合 评价要点：在课堂学习中，学生是否积极参与思考与讨论、踊跃交流和表达观点；是否理解数据、信息和知识的概念，能掌握这三者的关系，正确认识数据价值，有效甄别信息。在项目活动中，是否能主动收集资料，积极参与小组项目主题讨论，提出有价值的观点；是否能合理整理数据，并用思维导图呈现讨论结果

评价阶段	评价建议
第3-5课时	评价方式：过程性评价与作业评价相结合，教师评价与学生自评相结合 评价要点：在课堂学习中，学生是否积极参与思考与讨论，踊跃交流和表达观点；是否掌握了数制转换方法和字符、图像、声音、视频等数据编码的原理，能用数字化工具解决问题。在项目活动中，小组成员分工是否明确，组员是否能积极参与到素材的收集、加工过程中，过程性资料是否保存完整，加工的素材是否符合小组研究主题且有利用价值；学生是否能与其他小组成员有效合作，共同开展项目学习
第6、7课时	评价方式：以作品评价为主，教师评价与学生自评、小组互评相结合 评价要点：在课堂学习中，学生是否积极参与思考与讨论，踊跃交流和表达观点；是否能理解大数据的特征，了解大数据技术及其在社会各领域中的应用和影响等。在项目活动中，学生是否能为小组项目主题完善提出有价值的建议；在小组活动中，是否能完成项目所需要素材的收集和加工；是否能与小组成员有效合作，共同创作多媒体作品，并参与展示交流；是否能对自己的学习情况、其他同学的作品给出客观公正的评价；是否能认真反思，对自己后续学习有明确的规划

五、开放性学习环境

本案例的学习环境设计如下：

（一）物理环境

实验仪器：台式电脑、实验报告单

桌椅摆放：学生桌椅摆放为二人一组

展示工具：黑板、希沃一体机

（二）虚拟环境

评价系统：UMU学习平台

学习支撑：极域电子教室、问卷星

学生学习资源：微课视频、学案、硬件使用文档、课件

学生机实验环境：思维导图、Photoshop、音频软件等软件的计算机系统

六、反思性教学改进

【课前对以往教学的反思】

常规的教学设计。我们以教科书的知识专题，围绕"数据"热点问题组

织教学：第 1 课时和第 2 课时是"数据、信息与知识"专题，教师结合气象指数的获取与计算，让学生了解数据、信息与知识的含义，并在任务探究中体会三者之间的相互关系；进一步总结数据与信息的特征；第 3 课时至第 5 课时是"数字化与编码"专题，其中第 3 课时，教师组织学生实践"水银温度计测温"和"红外测温"，让学生在分析中理解模拟信号与数字信号的区别，然后学生与教师参与"算命大师"魔术，探秘二进制奥秘，并以"校园一卡通"数据录入为例，让学生体验文本数据编码的过程；第 4 课时，教师以"校园生活"为主题，让学生理解图片编码的原理后，运用图像加工软件加工合成作品；第 5 课时，教师以"诗朗诵"为主题，让学生在录制音频过程中，了解声音编码的原理，掌握声音数字化的过程；第 6 课时是"大数据"专题，教师结合"丁香医生""城市大脑疫情防控平台"和"密切接触者测量仪"等大数据应用案例归纳大数据特征，并引导学生借助"百度指数"分析"某部电影"查询的需求图谱和人群画像。第 7 课时是"评价"专题，教师组织总结性评价，了解学生对相关知识点掌握的情况。以知识专题组织的信息技术课堂教学，学生能掌握相关知识，但学习比较浅显，学生关键能力和必备品格等核心素养难以系统化培养。为此，我们从课程标准分析出发，围绕"数据"学科大概念，对教科书的知识进行结构化处理，确定引领性单元学习主题，引领学生对"数据"进行深度加工，进而深入体验"数据编码"学科本质，掌握利用数据处理方法和技术工具解决问题的过程。

基于深度学习的"活动与体验"和"联想与结构"，我们提出了引领性单元学习主题的特征：第一，内容上涵盖了信息技术学科核心概念和知识；第二，方法应用了信息技术学科工具；第三，结构体现了问题解决逻辑；第四，价值蕴含了信息社会责任，体现学科育人。

本案例"用数据助力数字化学习"围绕学情数据展开：内容方面，学情数据记录学生的学习过程与成果，是一种生成性资源，形式上包括数字、文字、图像、声音等形式；围绕主题"用数据助力数字化学习"，涵盖了"数据"学科大概念。学科思维方法方面，学生利用数据处理方法和技术工具完成项目"中学生学习习惯现状调查"报告。单元结构方面，学情数据体现了单元结构化知识体系从数据现象至数据本质逻辑关系。育人价值方面，学情数据是学生学习过程中重要的基础数据。学生通过学情数据（自己和同伴）得出自己学习习惯、学习行为存在的问题信息，提升数字化学习生活的自主性；通过大平台学习评价报告，学会剖析自己薄弱点，培养使用数字化工具的自觉性；通过数字化工具获取学情数据，并用数据编码解释学生日常数字化学习出现的问题，能更好引导学生理解数字化学习的本质，掌握数字化工具，养成良好的数字化学习，提高数字化生存能力。

【课中对学生表现与设计效果的反思】

1. 基于微课资源促进信息技术课程的深度学习

信息技术课程的深度学习是学生逐渐建构知识网的单元学习过程。学生在学习过程中容易出现因为某个知识点或者技能遗忘导致项目完成出现困难。教师在实施过程中结合网络学习空间优势推送微课资源，促进学生在单元主题学习中不断完善知识结构，并能在新的情境中迁移、运用和创新。

2. 基于真实情境教学，促进深度学习的发生

活动与体验是深度学习单元教学的根本特征。活动强调创设真实情境，让学生作为主体参与活动。本案例关键教学素材——"学情数据"包括网络调查数据、图片数据和录音等，均来源于同年级同学，"在线学习"是学生亲身经历过的学习场景。教学把信息技术与学生的日常生活紧密结合起来，使信息技术学习真正发生。

【课后对以往教学的反思】

1. 通过单元主题学习，实现了信息技术学科育人的价值

首先是学科思维方法方面：单元主题活动以"数据"大概念统一整理，让学生在收集数据的基础上进行分析和判断。这不但有利于培养学生高阶思维，还促使学生养成尊重事实的严谨科学态度和学习作风。其次是教学效果方面：作为一名高中学生，独立意识加强，学习伙伴对他们的行为影响加强。单元学习以"学情数据促发展"为主题，开展学习活动，使学生亲历收集自

己和同班同学学情数据的过程，并分析原因和提出建议。这个过程能促使好的学习习惯在全班传递。

2.持续性评价能保证单元主题学习持续高效开展

单元主题学习的难点在于整个学习过程持续性太长，学生容易疲倦，学习目标容易偏离。持续性评价能促使学生思维和能力螺旋式上升发展。在这个过程中，数字化教学环境能为持续性评价开展提供有力支持。

案例二　校园点餐程序

一、引领性学习主题

本案例的引领性学习主题可以表述为"从生活实例出发，运用恰当的描述方法和控制结构表示简单算法，掌握一种程序设计语言的基本知识，使用程序设计语言实现简单算法。通过解决实际问题，体验程序设计的基本流程，掌握程序调试与运行的方法"。本单元围绕信息技术学科大概念"算法"展开，同时，根据课标及单元教学内容，确定单元核心概念，主要包括"算法""程序"，按照先整体认知再具体理解的学习过程，围绕用计算机解决问题的主要步骤对具体知识、技能和方法开展学习。通过本单元的学习，可以对学生已有的知识、经验、方法进行迁移，亲历知识的形成过程，整体感知算法和程序的学习方法，选择合适的算法实现程序设计，对程序编写的思路和方法进行归纳、总结，实现计算思维的提升。

【主题知识结构】

根据对本单元对应课程标准的分析，结合教材的具体内容，从算法的相关概念和应用出发，围绕计算机解决问题、算法、程序设计展开来构建结构化知识体系内容结构，本案例中的主题知识结构如下图所示。

图 1　"校园点餐程序"单元学习主题知识结构图

【课标要求与内容价值】

本案例属于高中信息技术必修 1 "数据与计算"模块，对应《课程标准》内容要求 1.6、1.7，具体为"从生活的实例出发，概述算法的概念与特征，运用恰当的描述方法和控制结构表示简单算法；掌握一种程序设计语言的基本知识，使用程序设计语言实现简单算法。通过解决实际问题，体验程序设计的基本流程，感受算法的效率，掌握程序调试与运行的方法"。本单元涉及的学业质量对应水平 2 "依据问题解决的需要设计算法，运用算法描述方法和三种控制结构合理表示算法，利用一种程序设计语言实现简单算法，解决问题"，属于高中毕业生应该达到的合格要求。对应的学业要求为"依据解决问题的需要，设计和表示简单算法；掌握一种程序设计语言的基本知识，利用程序设计语言实现简单算法，解决实际问题"，主要培养学生学科核心素养水平 1 对应的计算思维和信息意识等具体内容。依据学科大概念"数据、算法、信息系统、信息社会"，本单元主要核心概念界定为"算法、程序设计"，主要探究以算法为基础编程实现解决问题的过程。

【 **主题学情分析** 】

高中学生善于观察思考问题，具备一定的逻辑思维能力，学习和生活中有很多问题都与程序息息相关，但是对如何利用程序解决问题的方法和过程缺乏程序分析和梳理能力。经过初中阶段的学习，学生已具备一定的信息技术基础，能够初步尝试利用程序去解决问题，学习过简单的程序语言，但没有形成编程思维，无法感受计算机编程的魅力。

与初中相比，高一学生更需要通过体验计算机解决问题的过程，真切理解当今数字化世界的运转方式，有意识且负责任地使用信息化工具，掌握信息化社会中解决问题的一般方法，发展计算思维。

"校园点餐程序"单元学习主题来源于学生生活实例，开展基于真实情境的问题解决，引导学生积极主动地学习相关知识，设计算法达到编程实现。在经历完整的单元主题作品创作的过程中，掌握用计算机解决问题的一般方法，将使学生终身受益。

【 **规划教学课时** 】

根据教材编写以及单元知识结构，将本单元划分为七个课时，分别为用计算机解决问题的过程、顺序结构、分支结构、遍历循环结构、条件循环结构、函数的定义和调用、作品展示交流。

二、素养导向的学习目标

本案例的引领性学习主题可以表述为"从生活实例出发，运用恰当的描述方法和控制结构表示简单算法，掌握一种程序设计语言的基本知识。通过解决实际问题，体验程序设计的基本流程，掌握程序调试与运行的方法"。以"信息意识"素养为例，在本主题中要根据实际问题的需要，恰当选择数字化工具，并有意识地使用新技术处理信息。以"计算思维"素养为例，在主题中主要体现为运用基本算法设计解决问题方案，使用编程语言或其他数字化工具实现这一方案。以"数字化学习与创新"为例，在主题中主要体现在学习过程中，评估常用的数字化工具与资源，根据需要合理选择；针对特定的学习活动，运用一定的数字化学习策略管理学习过程与资源，完成活动，创作作品。再以"信息社会责任"为例，在主题中主要体现在信息活动中，具有信息安全意识，尊重和保护个人及他人的隐私。由此可以确定本案例中素养导向的单元学习目标，如表1所示。

表1　确定"校园点餐程序"单元学习目标示例

课标素养名称	单元学习目标	对应关系说明
A1 信息意识 B1 计算思维 C1 数字化学习与创新 D1 信息社会责任	目标a：通过"校园点餐程序"单元主题，能够根据实际解决问题的需要，恰当选择数字化工具，有意识地使用新技术处理信息 目标b：针对"校园点餐程序"单元主题进行需求分析，明确需要解决的关键问题 目标c：通过"校园点餐程序"单元主题，能够提取问题的基本特征，进行抽象处理，并用流程图描述完成活动的关键过程 目标d：通过"校园点餐程序"单元主题，能够运用基本算法设计解决问题的方案，使用编程语言实现方案 目标e：按照"校园点餐程序"单元主题问题解决方案，选用恰当的数字化工具或方法获取、组织并分析数据，总结利用计算机解决问题的过程与方法，并迁移到与之相关的其他问题解决中 目标f：能够针对特定的学习活动，运用一定的数字化学习策略管理学习过程与资源，在网络学习空间中开展协作学习，建构知识，完成"校园点餐程序"单元主题 目标g：在信息技术运用过程中，认识信息技术可能引发的一些潜在问题，采用简单的技术手段，保护信息安全	目标a：A1 目标b：B1 目标c：B1 目标d：B1 目标e：B1 目标f：C1 目标g：D1

上述单元学习目标就是帮助学生掌握算法这一学科关键知识，形成运用计算机解决问题的这一关键能力。通过"校园点餐程序"单元主题的实施，将计算思维的形式化和模型化特征渗透到具体学习活动中。通过编程实现"校园点餐程序"功能，体验用计算机解决问题的基本过程，发展抽象要素、建立模型、设计算法的计算思维，并能够运用计算思维进行更多问题求解和科学创新。

三、挑战性学习活动

【设计依据与价值分析】

本案例围绕"校园点餐程序"单元主题创设适合学生认知特征的活动情境。该活动情境体现学科核心概念与学科思想与方法的深化，能引导学生深度参与项目设计开发，利用计算机解决具体问题，形成项目作品，促进学生学科核心素养发展。挑战性学习活动的设计通过设计活动群和问题链，引导学生在真实情境中经历一个完整的基于问题解决的项目开发过程。

【单元学习活动的规划】

本案例具体活动设计如表 2 所示。

表 2　设计"校园点餐程序"单元学习活动示例

课时	活动	教学过程
第 1 课时	活动 1	[创设情境] 对于在学校就餐来说最头疼的一个问题就是每到饭点不知道吃什么，想要在饭堂直接点餐几乎是不可能满意的，如何通过计算机解决校园点餐的问题
	活动 2	[分析问题] 引导学生完成项目规划中分析部分，完成"校园点餐程序"问题分析表 组织学生提供使用过的点餐程序，或者想象一下能否实现更多功能，进一步修改问题分析表
	活动 3	[设计方案] 根据前面的分析，请将校园点餐程序的实现过程分解成合理的功能，完成功能分解，画出分解图
	活动 4	[展示评价] 组织学生展示小组成果，介绍本组的项目分析、功能分解与项目实现的结果

续表

课时	活动	教学过程
第1课时	活动5	[小结与拓展] 总结计算机解决问题的过程，展示一个多功能的点餐程序的设计，告诉学生可以根据实际需求设计功能更强大的校园点餐程序。课外抽时间，可以进行更深入的校园点餐程序的设计
第2课时	活动1	[项目模块分析] 通过前期项目的规划和设计，校园点餐程序的项目需要实现点餐计费的功能
	活动2	[学习新知] 顺序结构的定义 顺序结构对应流程图描述以及它们在 Python 中的基本格式
	活动3	[实践理解] 确定常量和变量 运算符与表达式 赋值语句 输入和输出语句
	活动4	[项目应用] 探究实现简单的校园点餐程序计费功能
	活动5	[学习总结] 1. 课堂小结：程序设计语句的基本知识、顺序结构的基本格式及应用 2. 课后思考：目前校园点餐程序只能实现简单的计算功能，如何才能实现多条件优惠的功能
第3课时	活动1	[项目问题] 通过前期项目的规划和设计，校园点餐的项目需要设置优惠活动功能。例如：规定一次性消费满 100 元（含 100 元）打八折，消费 80（含 80 元）—100 元（不含 100 元）打九折，怎样根据优惠条件编写程序计算费用
	活动2	[学习新知] 分支结构的定义。 单分支结构、双分支结构对应流程图描述以及它们在 Python 中的基本格式

	活动3	[实践理解]
		请同学们在 python 中编写单分支程序、双分支程序代码并运行，比较不同分支结构运行的结果
		程序 1：
		
		``python
		score=float(input("请输入a的值："))
		if score>=60:
		    print("及格")
		``

续表

课时	活动	教学过程

第3课时	活动3	程序2：
		
		``python
		score=float(input("请输入a的值："))
		if score>=60:
		    print("及格")
		else:
		    print("不及格")
		``
		
		教师总结：使用 if 语句需要注意的几点

	活动4	[项目应用]
		探究实现"消费优惠"一次性消费满 100 元（含 100 元）打八折，100 元以下不打折的功能
		参考代码：
		
		``python
		m=float(input("请输入消费金额："))
		if m>=100:
		    print("请支付：",m*0.8,"元")
		else:
		    print("请支付：",m,"元")
		``

	活动5	[挑战提升] 探究实现一次性消费满 100 元（含 100 元）打八折，消费 80（含 80 元）—100 元（不含 100 元）打九折的功能（参考课本 P32 多分支结构拓展知识）
	活动6	[学习总结] 1.课堂小结：分支结构 if 语句的基本格式及应用 2.课后思考：目前消费优惠功能每次只能计算一次，如何才能实现多次计算的功能
第4课时	活动1	[项目问题] 如何实现校园点餐程序多次计算优惠的功能
	活动2	[学习新知] 1.计数循环的含义 2.for 循环语句的基本格式 for 循环变量 in 列表或字符串 语句或语句组

	活动3	[实践理解]
		请同学们在 python 中编写以下代码并运行，观察程序中 for 语句的格式
		程序1：
		
		``python
		for i in ["hello","world"]:
		    print(i)
		``
		
		教师总结：使用 for 语句需要注意的几点

	活动4	[学习新知] range 函数的格式 range（起始值，终值，步长）

续表

课时	活动	教学过程

第4课时	活动5	[实践理解]
		请同学们在 python 中编写下面的程序代码并运行，观察程序运行结果
		<pre>for i in range(0, 4, 1):
		    print(i)</pre>教师总结：使用 range 函数需要注意的几点

	活动6	[挑战提升] 探究用 for 循环结构实现校园点餐程序 3 次优惠计算的功能
	活动7	[学习总结] 1. 课堂小结：（1）循环结构 for 语句的基本格式及应用 （2）range 函数的基本格式及应用 2. 课后思考：如何实现校园点餐程序循环点菜，直至输入 0 退出
第5课时	活动1	[项目问题] 如何实现校园点餐程序循环点菜，直至输入 0 退出
	活动2	[学习新知] 1. 条件循环的含义 2.while 循环语句的基本格式 while 关系表达式 语句或语句组

	活动3	[实践理解]
		请同学们在 python 中编写下面的程序代码并运行，观察程序运行结果
		<pre>i=1
		while i<=5:
		    print(i)
		    i=i+1
		print("输出结束")</pre>教师总结：使用 while 循环语句需要注意的几点

	活动4	[挑战提升] 探究实现校园点餐程序循环点菜，直至输入 0 退出
	活动5	[学习总结] 1. 课堂小结：循环结构 while 语句的基本格式及应用。 2. 课后思考：如何实现校园点餐程序不同功能模块的整合
第6课时	活动1	[项目问题] 如何实现校园点餐程序不同功能模块的整合

续表

课时	活动	教学过程
第6课时	活动2	[学习新知] 自定义函数的基本格式 def 函数名（参数） 语句或语句组 return 返回值 自定义函数调用的基本格式 函数名（参数）

	活动3	[实践理解]
		请同学们在 python 中编写下面的程序代码并运行，观察程序运行结果
		<pre>def factorial(n):
		    s=1
		    for i in range(2, n+1):
		        s=s*i
		    return s
		
		total=factorial(4)
		print(total)</pre>
		教师总结：使用 def 自定义函数定义和调用需要注意的几点

	活动4	[挑战提升] 探究实现校园点餐程序不同功能模块的整合
	活动5	[学习总结] 1. 课堂小结：循环结构 while 语句的基本格式及应用 2. 课后思考：完善小组的校园点餐程序
第7课时	活动1	[分享与交流] 教师组织作品分享会，各小组分享、欣赏、对比校园点餐程序代码，并互相点评，学习他人的优秀经验
	活动2	[总结与提升] 教师引导学生在分享交流中不断完善优化程序，进行创造性解决问题的探索。

四、持续性学习评价

【评价内容与指标】

评价内容是对素养发展目标的具体化，评价指标是结合挑战性学习活动，对评价内容的操作化界定。本案例中，学生对计算机解决问题的基本过程的理解是基础；基于此算法的三种控制结构是关键；操作实践是检验学习知识的重要途径；科学态度与社会责任是根本目标。基于这样的考虑，确定的评价内容和指标如表3所示。

表3 确定"校园点餐程序"单元学习评价内容和指标示例

评价内容	评价指标
核心概念及知识结构	1. 能否知道计算机解决问题的基本过程 2. 能否掌握顺序、分支和循环三种结构的基本格式
变化观念	3. 能否针对项目进行需求分析，明确需要解决的关键问题 4. 能否提取问题的基本特征，进行抽象，并用流程图画出完成任务的关键过程 5. 能否运用基本的算法设计解决问题的方案，能否使用编程实现这一方案
实践技巧	6. 能否根据需要，综合应用顺序、选择和循环三种结构，编写 python 程序解决问题 7. 能否掌握程序编写、调试与运行的基本方法
科学态度与社会责任	8. 能否分析程序是否存在恶意代码并提出应对策略 9. 能否养成项目实施记录分析的习惯

【评价的方法】

在案例中基于活动的评价方法如下表所示：

表4 规划"校园点餐程序"单元学习评价方法示例

评价阶段	评价建议
第1课时	评价方式：以过程性评价为主，主要由教师进行课堂观察评价并对项目活动进行检查 评价要点：在课堂学习中，学生是否积极参与思考与讨论，踊跃交流和表达观点；是否能参与用计算机解决问题的全过程，敢于动手实践修改程序，理解程序在问题解决中的作用。在项目活动中，是否能主动收集资料，积极参与问题分析，明确项目任务，完成项目规划设计；是否能对项目任务进行问题功能分解，初步制订解决问题的方案
第2-5课时	评价方式：通过教师评价和学生自评的方式，对学习过程、编程求解问题情况以及项目任务的程序实现进行评价 评价要点：在课堂学习中，学生的学习态度是否端正，是否能积极动手实践编写程序，调试程序失败时能主动查找问题；是否重视算法在问题解决中的作用；在编程前是否能设计流程图；是否能理解并掌握顺序、选择和循环三种结构，并能结合具体问题，选择适合的程序结构编写程序，解决问题。在项目活动中，是否能积极参与讨论，结合现实情境设计实现功能的算法，并提出改进建议；是否能安装第三方模块并导入项目程序中，理解模块中函数和属性功能表，并根据设计的算法流程图编写程序，初步实现"校园点餐程序"项目的功能

续表

评价阶段	评价建议
第6、7课时	评价方式：通过教师评价和学生互评的方式，对学习过程和项目作品进行评价 评价要点：在课堂学习中，学生是否能积极思考，主动构建新知识；是否能理解算法的基本思想；是否能使用算法解决问题或分析实践生活中相应软件的应用功能；是否能根据需求，选择恰当的算法并编写程序实现问题解决；是否能根据程序调试结果发现问题，修改算法和程序，最终实现问题的有效解决。在项目活动中，是否能结合实际需要，完善程序，实现项目的基本功能；是否能积极参与项目作品的展示，认真评价本组和他组的作品，完成项目活动评价表

五、开放性学习环境

本案例的学习环境设计如下。

物理环境：

环境配置：台式电脑、Python3.7

展示工具：黑板、实物展示仪

评价材料：项目实施报告单、学习过程评价量表、项目活动评价量表

虚拟环境：

即时反馈工具：班级优化大师

学生学习资源：微课、帮助文档、课件、在线 Python 学习系统

学生机探究环境：待完善的 Python 程序代码

六、反思性教学改进

【课前对以往教学的反思】

常规的教学设计以知识专题组织的信息技术课堂教学内容使学生掌握相关的知识，但学习比较浅显，学生关键能力和必备品格等核心素养难以系统化培养。为此，我们从课程标准分析出发，围绕"算法"学科大概念，对教科书的知识进行结构化处理，确定引领性单元学习主题，引领学生对"算法""程序设计"进行深度加工，进而深入体验"编写程序"学科本质，掌握利用计算机解决问题的基本过程。

案例"编程助力校园点餐"围绕计算机解决问题基本过程展开，按照分析问题、先整体认知再具体理解的学习过程，对具体知识、技能和方法展开学习，首先，从单元主题准备阶段的问题分析入手，明确单元任务，分析出需要解决的关键问题，并进行功能分解，确定问题求解模型，设计解决问题的方案；其次，对各功能模块进行算法设计，用流程图描述问题求解的关键过程；再次，编写程序实现算法，调试运行程序，完成基本的单元任务；最后，结合真实的应用情境，进一步完善程序功能，实现真实问题求解。通过引导学生体验用计算机解决问题的基本过程，发展抽象要素、建立模型、设计算法及自动化实现的计算思维，并能用计算思维进行更多的问题求解和科学创新。

【课中对学生表现与设计效果的反思】

信息技术课程的深度学习是学生逐渐建构知识体系的单元学习过程。学生在学习过程中容易出现因为某个知识点或者技能遗忘导致项目完成出现困难。教师在实施中结合网络学习空间优势推送微课资源，促进学生在单元主题学习中不断完善知识结构，并能在新的情境中迁移、运用和创新。

活动与体验是深度学习教学的根本特征。活动强调创设真实情境，让学生作为主体参与活动。开展基于真实情境校园点餐的问题解决，引导学生积极主动地学习相关知识，设计算法并编程实现，在体验完整项目作品创作过程中，掌握用计算机解决问题的基本过程。通过把信息技术与学生的日常生活紧密结合起来，使学生的学习兴趣真正发生。

【课后对以往教学的反思】

单元主题活动首先以"算法"大概念统一整理，让学生在设计算法的基础上进行分析和判断。不但有利于培养学生高阶思维，还促使学生养成尊重事实的、严谨的科学态度和学习作风。其次是教学效果方面，作为一名高中学生，独立意识加强，学习伙伴对他们的行为影响加强。单元学习以"校园点餐程序"为主题，开展学习活动，使学生亲历计算机解决问题的基本过程，发展抽象要素、建立模型、设计算法及自动化实现的计算思维。这个过程促使学生运用计算思维进行问题求解和科学创新。

单元主题学习的难点在于整个学习过程持续性太长，学生容易疲倦，学习目标容易偏离。持续性评价能促使学生思维和能力螺旋式上升发展。在这个过程中，数字化教学环境能为持续性评价开展提供有力支持。

案例三　用数据优选在线商品

一、引领性学习主题

本案例的引领性学习主题可以表述为"通过典型的应用实例，了解数据采集、分析和可视化表达的基本方法，根据任务需求，选用恰当的软件工具或平台处理数据，完成分析报告，理解对数据进行保护的意义"。本单元围绕学习主题"用数据优选在线商品"展开，同时根据课标及单元教学内容，确定了单元核心概念，主要包括"数据采集""数据分析"，按照数据处理的一般过程和基本原理、数据采集过程与方法、数据分析的作用和方法、数据的可视化和项目活动分析报告的撰写为主线，开展数据处理与应用的学习，旨在让学生通过对在线商品数据的采集、分析、处理等操作，学习数据处理与应用的方法和过程，从而提升学生的信息意识、计算思维、信息社会责任和数字化学习与创新核心素养。

【主题知识结构】

根据对本单元对应《课程标准》的分析，结合教材的具体内容，本案例中的主题知识结构如下图所示。

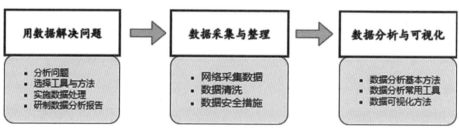

图 1　"用数据优选在线商品"单元学习主题知识结构图

根据对本单元对应《课程标准》各项核心概念的分析，结合教材的具体内容，本单元从数据的相关概念和应用出发，围绕用数据解决问题、数据采集与整理、数据分析与可视化展开来构建结构化知识体系内容结构。

【课标要求与内容价值】

本案例属于高中信息技术必修 1 "数据与计算"模块，对应《课程标准》

内容要求 1.4、1.5，具体内容有"通过典型的应用案例，了解数据采集、分析和可视化表达的基本方法；根据任务需求，选用恰当的软件工具或平台处理数据，完成分析报告，理解对数据进行保护的意义"。本单元涉及的学业质量对应水平 2 "对于日常生活中常见的问题，利用软件工具或平台准确而有序地对数据进行整理、组织、计算与呈现，并妥善做好数据保护；在对数据进行综合分析的基础上，撰写解决问题的分析报告"，属于相对基础性的考查要求。对应的学业要求为"了解数据采集、分析和可视化表达的基本方法；能够利用软件工具或平台对数据进行整理，组织，计算与呈现，并通过技术方法对数据进行保护；在数据分析的基础上，完成分析报告"，主要培养学生学科核心素养水平 1 对应的计算思维和信息意识等具体内容。依据学科大概念"数据、算法、信息系统、信息社会"，本单元主要核心概念界定为"数据分析、数据应用"，主要是探究利用信息技术有效处理数据，发现并利用其中的价值。

【主题学情分析】

本单元学习的对象是高一年级，学生思维活跃，善于发现生活，乐于用所学知识和数字化工具解决生活中实际问题，学生能够根据教师指导进行自主学习，有一定的创新思维，但抽象思维相对较弱。通过前面的学习，他们能认识到数据在信息社会中的重要价值，合理处理与应用数据，初步学习了算法和程序设计，有一定分析问题、解决问题的能力。通过生活中的实例，帮助学生融入真实的问题情境，产生数据处理需求，进而了解数据处理的应用，感受数据分析在判断和决策中的作用。

学生通过前面的相关内容学习，熟悉了项目学习法的教学过程；小组能依据项目范例选择自选项目进行自主、协作、探究学习，能顺从项目学习法的有关要求和注意事项，同时能理解数据、信息、知识三者之间的关系。学生在学习内容基础上了解了数据包括大数据及其特征、数据的编码、信息及其特征，以及简单的编程设计经验等内容，渴望能运用新技术和学习方法，通过体验数据和大数据在生活中的典型应用案例，切身经历数据的采集、分析和可视化表达的完整过程，进而运用所学的技能和知识解决日常生活中的数据或大数据处理和应用问题。

二、素养导向的学习目标

本案例的引领性学习主题可以表述为"通过典型的应用实例，了解数据采集、分析和可视化表达的基本方法，根据任务需求，选用恰当的软件工具或平台处理数据，完成分析报告，理解对数据进行保护的意义"。以"信息意识"素养为例，在本主题中要根据解决问题的需要，自觉、主动地比较不同的信息源，寻求恰当的方式获取与处理信息；根据解决问题的需要，甄别不同信息获取方法的优劣，并能利用适当途径甄别信息；根据解决问题的需要，恰当选择数字化工具，具备信息安全意识。以"计算思维"素养为例，在主题中主要体现为按照问题解决方案，选用适当的数字化工具或方法获取、组织、分析数据，并能迁移到其他相关问题的解决过程中。以"数字化学习与创新"为例，在主题中主要体现在学习过程中，能评估常用的数字化工具与资源，根据需要合理选择；针对特定的学习任务，运用一定的数字化学习策略管理学习过程与资源，完成任务，创作作品。再以"信息社会责任"为例，在主题中主要体现为采用简单的技术手段，保护数据。由此可以确定本案例中素养导向的单元学习目标，如下表所示。

表 1　确定"用数据优选在线商品"单元学习目标示例

课标素养名称	单元学习目标	对应关系说明
A1 信息意识 B1 计算思维 C1 数字化学习与创新 D1 信息社会责任	目标 a：在日常生活中，根据实际解决问题的需要，恰当选择数字化工具，具备信息安全意识 目标 b：通过判断、分析信息资源，运用合理的算法形成解决问题的方案 目标 c：按照问题解决方案，使用编程语言或适当的数字化工具和方法实现方案，实现数据获取、组织和分析，并能迁移到其他相关问题的解决过程中 目标 d：在学习过程中，能够评估常用的数字化工具与资源，根据需要合理选择 目标 e：针对特定的学习任务，运用一定的数字化学习策略管理学习过程与资源，完成任务，创作作品。 目标 f：在信息活动中，应具有信息安全意识，尊重和保护个人及他人的隐私。 目标 g：采用简单的技术手段，保护数据、信息以及信息设备的安全。	目标 a：A1 目标 b：B1 目标 c：B1 目标 d：C1 目标 e：C1 目标 f：D1 目标 g：D1

上述单元学习目标体现了信息技术学科核心概念"数据"，蕴含了"用数据解决问题"的学科思想与方法，体现了"数据采集与整理""数据分析与可视化"的关键能力以及"用数据进行决策""保护数据安全"的育人价值。

三、挑战性学习活动

【设计依据与价值分析】

本单元活动以数据基础为出发点，以数据采集、分析和可视化表达的基本过程和方法为知识主线，旨在提升学生信息意识、计算思维、数字化学习与创新以及信息社会责任的信息技术学科核心素养。通过"用数据优选在线商品"单元主题开展项目探究学习，选用八爪鱼或python爬虫程序，让学生经历数据的采集、清洗、分析、处理、可视化过程，解决生活中的实际问题，提升学生感受在数据中挖掘信息。

【活动的规划】

本案例具体活动设计如表2所示。

表2　设计"用数据优选在线商品"单元学习活动示例

课时	活动	教学过程
第1课时	活动1	[情景导入] 随着网络的普及和电商平台的崛起，网上购物已经成为我们生活中不可或缺的一部分。但是，如何在众多商品中选购到优质的商品，却是一个不容忽视的问题。接下来我们将学习购物时如何从商品品质、价格、评价等方面进行决策
	活动2	[数据处理一般过程] 组织学生观看视频，了解数据处理的一般过程 数据处理一般指对数据进行采集、整理、分析和可视化表达的过程 以网上商城的手机为例，让同学体验数据处理的过程
	活动3	[数据采集] 数据有不同的表现形式，数据的来源也多种多样，因此，数据采集的方法、采集的工具和采集后的存储方式也不尽相同 组织学生探究采集某商城上手机商品的相关数据 表格如下

序号	品牌	型号	价格	内存	评论数
1	华为	P60	4887	256	5万+
2	OPPO	K10x	1199	128	20万+
……					

续表

课时	活动	教学过程
第1课时	活动4	[数据整理] 数据整理通常指对数据进行校验和标准化。由于采集到的数据可能有缺失、重复或错误，因而需要进行必要的整理 组织学生将采集到的数据进行整理、纠错，并将价格数据设置为两位小数的数据格式 表格见下
	活动5	[数据分析] 数据分析指运用恰当的分析方法和工具，对整理后的数据加以详细研究和概括总结，提取有价值的信息，最终形成结论的过程 组织学生对比网上商城中手机的各项数据，理解数据对购买手机的参考意义
	活动6	[数据可视化] 数据可视化是将数据分析结果以恰当的方式呈现出来，以便人们理解和使用，可视化表达具有直观、生动和易于理解的优势，被广泛应用在数据分析结果的表示和呈现。 组织学生以图表的形式对比各品牌的数据价格
	活动7	[归纳小结] 经过采集、整理、分析和可视化这几个环节，我们能从数据中得到有价值的信息，进而利用这些信息做出正确的判断和决策
第2课时	活动1	上节课我们初步体验了数据处理的一般过程，但是对我们优选在线商品显然是不够的，接下来我们就要制定"用数据优选在线商品"的项目规划。
	活动2	[制定规划] 组织学生以组为单位拟定项目规划，内容包括项目研究目标、分析内容、成员分工、预期成果和时间进度等。
	活动3	[导图呈现] 组织学生用思维导图的形式绘制小组项目规划，并向全班汇报，阐述项目学习的整个过程及处理数据的过程和方法。
	活动4	[反馈调整] 结合项目活动评价表，小组自评本节课的项目实施完成情况

活动4中的表格：

序号	品牌	型号	价格	内存	评论数
1	华为	P60	4887.00	256	5万+
2	OPPO	K10x	1199.00	128	20万+
……					

续表

课时	活动	教学过程
第3课时	活动1	[情景导入] 随着移动互联网的日益普及和数字化媒体的迅速崛起，网络成为人们快捷获取数据的重要渠道。海量的数据蕴藏在成千上万的网页中，为便捷地获取这些数据，人们开发了用于采集数据的软件和在线平台。在现代社会中，熟练掌握通过网络获取工具采集数据的方法是十分重要的
	活动2	[学习新知] 使用网络爬虫采集互联网上的数据成为获取网络信息的一种有效方式 网络爬虫，是按照一定的规则，自动抓取互联网内容的程序，主要功能是自动采集其可以访问到的网页内容，这种技术已被广泛用于搜索引擎或其他类似网站
	活动3	[爬取数据] 在前面的项目规划中，我们已经确定了"用数据优选在线商品"需要获取的数据，利用搜索引擎搜索某商品的数据，并记录获取数据的网址 分析提供商品数据的网站可信度如何？网站发布的数据是否真实准确？试说明理由 组织学生使用八爪鱼获取网站中的数据，记录爬取数据量和时间，并了解其功能特征及设计思路。
	活动4	[整理并保存数据] 各组整理采集到的数据，如处理异常数据、删除重复数据等，并将数据保存为 CSV 格式文件
	活动5	[数据安全] 由于数据安全面临的风险有日益加剧的趋势，因此，我们要具备一定的数据保护能力，提高数据安全意识，做好数据安全保障。主要采用存储手段保证数据的安全。 组织学生采用网络云存储对整理好的数据进行数据备份
第4课时	活动1	[情景导入] 在前面的学习和"用数据优选在线商品"实施过程中已经收集、整理和保存了一些在线商品的数据，请思考： 收集、整理并存储的这些数据到底有什么作用？如何分析处理这些数据才能有助于决策

续表

课时	活动	教学过程
第4课时	活动2	[认识数据分析] 数据分析是选用适当的计算方法与工具对收集来的数据进行处理，提取有用信息，形成结论从而支持决策 数据分析的基本方法有：描述性数据分析、探索性数据分析、验证性数据分析 组织学生读懂下面的数据与图表。 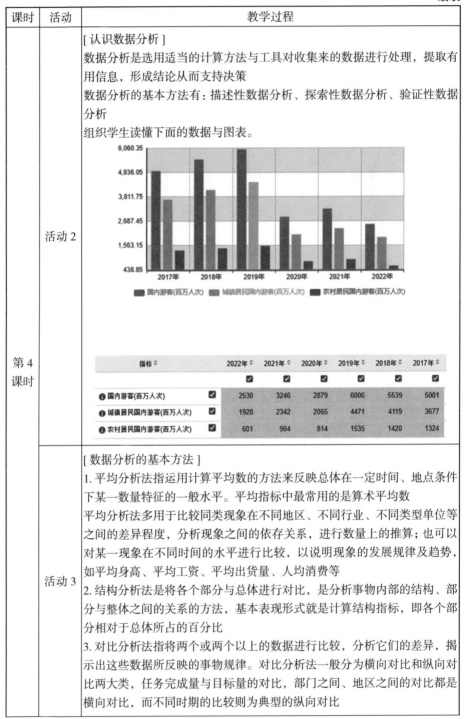
	活动3	[数据分析的基本方法] 1.平均分析法指运用计算平均数的方法来反映总体在一定时间、地点条件下某一数量特征的一般水平。平均指标中最常用的是算术平均数 平均分析法多用于比较同类现象在不同地区、不同行业、不同类型单位等之间的差异程度，分析现象之间的依存关系，进行数量上的推算；也可以对某一现象在不同时间的水平进行比较，以说明现象的发展规律及趋势，如平均身高、平均工资、平均出货量、人均消费等 2.结构分析法是将各个部分与总体进行对比，是分析事物内部的结构、部分与整体之间的关系的方法，基本表现形式就是计算结构指标，即各个部分相对于总体所占的百分比 3.对比分析法指将两个或两个以上的数据进行比较，分析它们的差异，揭示出这些数据所反映的事物规律。对比分析法一般分为横向对比和纵向对比两大类，任务完成量与目标量的对比，部门之间、地区之间的对比都是横向对比，而不同时期的比较则为典型的纵向对比

数据图表中的数据：

指标	2022年	2021年	2020年	2019年	2018年	2017年
国内游客(百万人次)	2530	3246	2879	6006	5539	5001
城镇居民国内游客(百万人次)	1928	2342	2065	4471	4119	3677
农村居民国内游客(百万人次)	601	904	814	1535	1420	1324

续表

课时	活动	教学过程
第 4 课时	活动 4	[用电子表格进行数据分析] 组织学生使用电子表格软件处理采集的手机出货量的数据，分析各手机品牌在 2019–2022 年出货量的占比是多少

	活动 5	[用编程工具进行数据分析]
		组织学生编写程序统计分析各品牌手机出货量情况，已有手机出货量数据文件，其中包含了 2019–2022 年各品牌手机出货量数据。编程实现计算 2019–2022 年各品牌手机出货总量的平均值，将统计结果保存为 CSV 文件，并显示各品牌手机出货总量的平均值
		参考程序代码：
		<pre>import pandas as pd
		import numpy as np
		df=pd.read_csv("18-22chl.csv",encoding="gbk",header=1)
		numeric_columns = df.select_dtypes(include=[np.number]).columns
		df["平均出货总量"]=df[numeric_columns].mean(axis=1)
		print(df[["品牌","平均出货总量"]])
		df.to_csv("chl_avg.csv",encoding="gbk",float_format="%.3f")</pre>
		程序运行结果：
		<pre> 品牌 平均出货总量
		0 华为/荣耀 8984.0
		1 苹果 3740.0
		2 OPPO 6092.0
		3 小米 4242.0
		4 vivo 6236.0
		5 其他 4604.0</pre>

第 5 课时	活动 1	[情景导入] 先展示上节课的"手机出货量的数据表"并提问，通过观察数据表可以得到什么启示？再展示"手机出货量的数据表"对应的图表并提问，通过观察数据可视化图表可以得到什么启示？引导学生通过对比数据分析表和可视化图表的异同，了解数据可视化的优点及作用
	活动 2	[学习新知] 学生学习微课"数据可视化简介"里的内容，了解数据可视化的概念、作用和常见形式 数据可视化是以图形、图像和动画等方式直观生动地呈现数据及数据分析结果，揭示数据之间的关系、趋势和规律等，以便人们更好地理解数据 数据可视化的形式：图表（柱形图、饼图、散点图、雷达图等）、词云等。

课时	活动	教学过程
第5课时	活动3	[在线生成可视化图表] 组织学生访问国家统计局官方网站中的"可视化产品"栏目，引导学生探索在线生成可视化图表的方法。 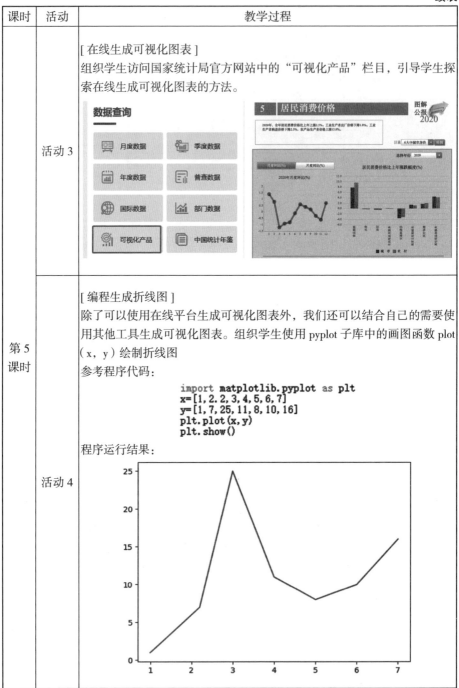

	活动4	[编程生成折线图]
		除了可以使用在线平台生成可视化图表外，我们还可以结合自己的需要使用其他工具生成可视化图表。组织学生使用 pyplot 子库中的画图函数 plot（x，y）绘制折线图
		参考程序代码：
		
		``python
		import matplotlib.pyplot as plt
		x=[1, 2.2, 3, 4, 5, 6, 7]
		y=[1, 7, 25, 11, 8, 10, 16]
		plt.plot(x,y)
		plt.show()
		``
		
		程序运行结果：

续表

课时	活动	教学过程

第5课时	活动5	[编程生成柱状图]
		
		编写程序实现用图表可视化呈现 2019—2022 年各品牌手机出货总量的平均值
		
		参考程序代码：
		
		``python
		import pandas as pd
		import numpy as np
		import matplotlib.pyplot as plt
		import matplotlib
		
		plt.rcParams["font.sans-serif"]=["SimHei"]
		df=pd.read_csv("ch1_avg.csv",encoding="gbk",header=0)
		phone_resource=df[df.columns[7]]
		ind=np.arange(6)
		width=0.35
		plt.bar(ind,phone_resource,width,color="#d62728")
		plt.ylabel("/万台")
		plt.title("2019-2022年各品牌手机出货总里")
		plt.xticks(ind,("华为/荣耀","苹果","OPPO","小米","vivo","其他"))
		plt.show()
		``
		
		程序运行结果：
		
		2019-2022年各品牌手机出货总量

	活动6	[学习小结] 图表是数据处理中常用的数据可视化形式之一。常用的图表包括折线图、柱形图等，各种图表呈现数据的形式各有特点，应该根据实际需要选择不同的图表进行数据呈现 单纯从图表分析，对于购买商品进行决策显然不够，往往还需要对商品评论进行分析，那么如何处理文本数据
第6课时	活动1	[情景导入] 日常生活中需要处理大量的文本数据，如新闻、邮件、报告。面对日益加快的工作节奏，人们需要更高效的文本阅读分析方法。

课时	活动	教学过程
第6课时	活动2	[学习新知] 文本可视化通过丰富的图形或图像，以易于理解和接受的方式揭示文本中的信息，因而得到广泛的应用。词云是目前常用的关键词可视化形式，能直接抽取文本中的关键词，并将其按照一定顺序和规律整齐美观地呈现在屏幕上。词云通常使用字体的大小和颜色表示关键词的重要程度或出现频次
	活动3	[在线生成词云图] 组织学生访问在线词云网站（https://wordsift.org/），体验在线生成"商品评论"的文本数据的词云图。

	活动4	[编写程序实现词云图]
		组织学生从"商品评论"文本数据了解该商品的情况，编写程序对评论中的文字进行词频分析，并生成词云图
		参考程序代码：
		
		``python
		import jieba
		import wordcloud
		f = open("统计词云文本.txt", "r", encoding="utf-8")
		t = f.read()
		f.close()
		ls = jieba.lcut(t)
		txt = " ".join(ls)
		w = wordcloud.WordCloud(font_path = "msyh.ttc",\
		    width = 1000, height = 700, background_color = "white",\
		    )
		w.generate(txt)
		w.to_file("grwordcloud.png")
		``
		
		程序运行结果：

续表

课时	活动	教学过程
第6课时	活动5	[总结与交流] 学生以小组为单位，根据每个小组获得的可视化呈现图形，介绍选择可视化形式的原因、使用的工具或技术手段、带来的社会影响和价值 回顾学习知识点，进行小结并完成课堂小测
第7课时	活动1	[情景导入] 访问国家统计局等权威网站，查阅网站中数据分析报告的案例和内容，数据分析报告撰写的特点与方法
	活动2	[学习新知] 数据分析报告的基本结构： | 开篇	正文	结尾
------	------	------
● 标题	● 分析	● 结论
● 目录	● 过程	● 建议
● 前言	● 结果	● 附录
● ……	● ……	● …… | 数据分析报告的基本组成部分：标题页、前言、正文、结论和建议、附录。
	活动3	[撰写数据分析报告] 组织学生结合数据分析报告的结构及注意事项，对"用数据优选在线商品"单元主题撰写数据分析报告
	活动4	[交流与评价] 讨论并交流、修改数据分析报告，发表建议，完善数据分析报告。

四、持续性学习评价

【评价内容与指标】

本案例中，学生对利用数据解决问题过程的理解是基础；数据采集与整理是关键；数据分析与可视化具有重要的方法价值；体验数据处理的魅力，感悟数据应用的重要意义是根本目标。基于这样的考虑，确定的评价内容和指标如下：

表3　确定"用数据优选在线商品"单元学习评价内容和指标示例

评价内容	评价指标
核心概念及知识结构	1.能否了解数据处理的一般过程 2.能否掌握数据采集和整理的基本方法 3.能否掌握常用的数据分析方法，了解数据可视化的形式

评价内容	评价指标
变化观念	4. 能否认识数据处理，感受数据处理对日常生活的影 5. 能否开展有效的数据处理，提炼有价值的信息，并提出合理化的建议
实践技巧	6. 能否根据需要选择合适的工具采集与整理数据，选择恰当的方法进行数据分析，选用合适的工具进行数据可视化表达与呈现 7. 能否掌握数据分析报告的撰写方法，完成数据分析报告
科学态度与 社会责任	8. 能否提高处理与应用数据的能力，体会数据应用的重要作用 9. 能否养成数据安全意识，妥善做好数据保护

【评价的方法】

在案例中基于活动的评价方法如表 4 所示。

表 4 规划"用数据优选在线商品"单元学习评价方法示例

评价阶段	评价建议
第 1、2 课时	评价方式：教师评价与学生评价相结合，过程性评价与总结性评价相结合 评价要点：在课堂学习中，学生是否积极参与思考与讨论，踊跃交流和表达观点；是否能用实例分析数据处理的一般过程，认识数据处理及其对现实生活的影响；是否能通过数据处理获取有价值的信息。在项目活动中，是否积极参与小组讨论，确定小组项目主题；在小组活动中是否有明确的任务，并与其他成员分工合作，制订小组项目规划并用思维导图呈现规划结果
第 3 课时	评价方式：教师评价与学生评价相结合，过程性评价与总结性评价相结合 评价要点：在课堂学习中，学生是否积极参与思考与讨论，踊跃交流和表达观点；是否能掌握数据采集和整理的基本方法，并选择适当的工具采集和整理数据；是否具备数据安全意识，理解对数据进行保护的重要意义，并能运用恰当的方法保护数据。在项目活动中，是否能积极参与小组讨论，根据小组确定的数据目录采集有关数据；过程性资料是否齐全，包括数据获取方案、数据采集记录表、原始数据、项目活动记录等；是否能开展小组合作，汇总并整理采集到的数据
第 4～6 课时	评价方式：教师评价与学生评价相结合，过程性评价与总结性评价相结合 评价要点：在课堂学习中，学生是否积极参与思考与讨论，踊跃交流和表达观点，认真参与实践活动，并在遇到问题时查找原因、执着求解；是否能掌握常用的数据分析方法，并根据需要选择恰当的方法进行数据分析；是否能了解数据可视化的形式，并选用合适的工具进行数据可视化表达与呈现。在项目活动中，是否能积极参与小组讨论，根据小组确定的任务主题，确定有效数据分析的方法和可视化形式，并完成相关表格填写；过程性是否齐全；是否能开展小组合作，对收集到的数据进行合理的分析和可视化处理

续表

评价阶段	评价建议
第7课时	评价方式：教师评价与学生评价相结合，过程性评价与总结性评价相结合 评价要点：在课堂学习中，学生是否积极参与思考与讨论，踊跃交流和表达观点；是否能掌握数据分析报告撰写方法，理解数据应用的重要作用。在项目活动中，是否能积极参与小组讨论，根据数据分析，讨论并确定出明确的结论和建议；是否能开展小组合作，完成数据分析报告的撰写；撰写的数据分析报告是否清晰美观、层次分明，是否能清楚表达数据分析结果，提出可行性建议；是否能积极参与项目作品的班级展示，认真评价自己和他人作品，完成项目活动评价表

五、开放性学习环境

本案例的学习环境设计如下：

（一）物理环境：

实验仪器：台式电脑、实验报告单

桌椅摆放：学生桌椅摆放为二人一组

展示工具：黑板、希沃一体机

（二）虚拟环境：

评价系统：UMU学习平台

学习支撑：极域电子教室、问卷星

学生学习资源：微课视频、学案、硬件使用文档、课件

学生机实验环境：思维导图、Photoshop、音频软件等

六、反思性教学改进

【课前对以往教学的反思】

在开始新的教学单元之前，教师需要对教材进行深入分析，了解本单元的知识结构和重点难点。通过对以往教学的反思，教师可以发现哪些知识点讲解得不够清晰，哪些内容需要加强。

教师需要了解学生在学习数据处理方面的基础知识和技能，以便针对性地进行教学设计。通过调查问卷、小测试等方式，了解学生的学习需求和困

惑，为课堂教学提供依据。

根据以往教学的反思，教师可以尝试采用更加有效的教学方法，如项目式学习、合作学习、翻转课堂等，提高学生的学习兴趣和参与度。

【课中对学生表现与设计效果的反思】

教师要关注学生的课堂表现，鼓励学生积极参与课堂讨论和实践活动。通过提问、小组讨论等方式，检查学生对知识的理解程度，及时发现学生的困惑和问题。

教师要及时收集学生对教学内容、方法、进度等方面的反馈意见，以便进行调整。例如，通过课堂小测验、学生评价表等方式，了解学生对课堂教学的满意度。

根据学生的课堂表现和反馈，教师需要对教学设计进行调整。例如，对于学生普遍反映难以理解的知识点，教师可以采用更加生动形象的例子进行讲解；对于学生掌握较好的知识点，可以适当减少讲解时间，增加实践环节。

【课后对以往教学的反思】

教师要认真总结本次教学的成功经验和不足之处，为下一次教学提供参考。例如，教师可以记录下学生在数据处理方面的典型问题和解决方法，以便在以后的教学中进行借鉴。

教师要根据学生的实际需求，设计有针对性的作业。作业要注重培养学生的实际应用能力，如数据分析、图表制作等。同时，作业要有一定的难度，激发学生的学习兴趣。

教师可以根据学生的需求和课程特点，开发适合的教学资源，如教学软件、实验指导书等。这些教学资源可以帮助学生更好地理解和掌握数据处理的知识。

案例四　人工智能初步

一、引领性学习主题

本案例的引领性学习主题可以表述为"通过人工智能典型案例的剖析，了解智能信息处理的巨大进步和应用潜力，认识人工智能在信息社会中的重要作用"。通过选用典型的人工智能信息系统——人脸识别，将处理信息和解决问题的过程作为案例情境，引导学生深入了解人工智能技术，感受人工智能给社会各领域所带来的巨大变化，思考人工智能可能会引发的社会问题及应对策略，进而完成"人工智能初步"实验调查分析报告。其中，"数据、智能"是本单元的核心概念，"人工智能的技术及应用"是主题中的学科大概念，是对教学价值的概括与揭示。

【主题知识结构】

根据对本单元对应课程标准的分析，结合教材的具体内容，本单元从人工智能的相关概念和应用出发，围绕认识人工智能、剖析人工智能、合理使用人工智能来构建结构化知识体系内容结构，本案例中的主题知识结构如下图所示。

图1　"人工智能初步"单元学习主题知识结构图

【课标要求与内容价值】

本案例属于高中信息技术必修1"数据与计算"模块，对应《课程标准》内容要求1.8，具体为"通过人工智能典型案例的剖析，了解智能信息处理的巨大进步和应用潜力，认识人工智能在信息社会中的重要作用"。本单元涉及的学业质量对应于水平1"认识人工智能在信息社会中的重要作用，了解人工智能技术"，属于相对基础性的考查要求。对应的学业要求为"了解人工智能技术，认识人工智能在信息社会中的重要作用"，主要培养学生学科核心素养水平1对应的计算思维和信息意识等具体内容。依据学科大概念"数据、算法、信息系统、信息社会"，本单元主要核心概念界定为"数据、智能"，主要是探究以数据基础之上的人工智能的技术及应用。

【主题学情分析】

在学习本课前，学生已经知道什么是数据和大数据，已经学习了程序设计语言，能够熟练打开程序进行分析。高中的学生具有一定的思维能力和自主学习能力，在生活中接触过人工智能的一些应用，形成一定的经验，对人工智能相关技术和应用比较有兴趣，特别是对人脸识别有深厚的兴趣和探究的欲望。

学生只是对人工智能存留在表面的体验认识，对人工智能及其相关技术的整体概念、人工智能技术实现过程、人工智能应用缺乏系统和科学的认识，他们渴望通过自主协作和探究学习去进一步地了解并合理使用人工智能技术。

从学生活动经验来看，设计的实验报告单具有开放性、不确定性等特点，在课堂中具有较强的情境性，涉及许多与实际生活相联系的问题，在为学生创设真实课堂情境提供素材的同时，也向学生呈现非常真实的科学共同体环境，学生面对综合复杂问题时，可以运用所学知识，探究并参与讨论。在探究过程中，加强高层次认知与思考的能力，培养科学态度与社会责任素养，提升信息素养。

二、素养导向的学习目标

本案例的引领性学习主题可以表述为"通过人工智能典型案例的剖析，了解智能信息处理的巨大进步和应用潜力，认识人工智能在信息社会中的重要作用"。以"信息意识"素养为例，在本主题中要确定特定问题的信息获取策略；以"计算思维"素养为例，在主题中主要体现为明确解决给定任务的关键问题，选用数字化工具或方法获取、组织、分析数据；以"数字化学习与创新"为例，在主题中主要体现为合理选择常用的数字化工具与资源；再以"信息社会责任"为例，在主题中主要体现为运用简单的技术手段保护信息安全，自觉遵守信息法律法规和伦理道德规范。由此可以确定本案例中素养导向的单元学习目标，如表1所示。

表1　确定"人工智能初步"单元学习目标示例

课标素养名称	单元学习目标	对应关系说明
A1 信息意识 B1 计算思维 C1 数字化学习与创新 D1 信息社会责任	目标 a：通过人工智能应用实例，了解人工智能的概念，了解人工智能相关技术 目标 b：体验人工智能实现过程，理解智能工具处理信息和解决问题的过程 目标 c：知道人工智能的产生与发展，了解人工智能的安全隐患和防范措施 目标 d：通过"人工智能初步"单元小组协作、探究学习，根据要求进行实验探究，完成活动实验报告 目标 e：通过讨论人工智能技术的应用及可能引发的问题和应对策略，提升信息安全意识和社会责任	目标 a：B1 目标 b：B1 目标 c：A1D1 目标 d：B1C1 目标 e：A1D1

上述单元学习目标 a 体现人工智能等学科观念，结合人工智能典型案例了解概念、技术；目标 b 和 d 体现研究过程与方法，强调通过单元小组协作、探究进行学习体验和分析等；目标 c 和 e 体现育人价值，强调人工智能技术的应用及其社会影响。这些单元学习目标从学科观念、研究过程与方法、育人价值等层面引领性学习主题的素养发展价值进行了解析，目标间是彼此关联、相互支持的。

三、挑战性学习活动

【设计依据与价值分析】

在案例中挑战性学习任务是"人工智能实验任务单"，该任务满足课程标准中的内容要求、学业要求，该任务可以保证与核心知识、思想方法的一致性，并合理整合教学内容，同时在《课程标准》的教学策略、学习活动建议以及情境素材建议等方面进行挑战性任务的寻找与设计，同时还可以自选情境素材与任务，从学科认识价值和育人价值等角度充分论证其合理性。

以"完成人工智能实验任务单"为例，人工智能的时代已经悄然来临，人工智能技术及产品已经深入地影响到我们的学习、生活、工作，其中"人脸识别"是人工智能的一个典型案例，贴近学生生活，可以充分调动学生的学习积极性。

【单元学习活动的规划】

具体活动设计如表 2 所示。

表 2　设计"人工智能初步"单元学习活动示例

课时	活动	教学过程
第 1 课时	活动 1	[认识人工智能] 教师以视频《人工智能让生活更美好》为导入，介绍人工智能在生活中的重要作用 提出问题：什么是人工智能
	活动 2	[体验人工智能] 学生以小组为单位，体验人工智能典型实例：与机器人对话、语音识别、在线翻译 学生完成探究实验报告单，思考每个实例的人工智能是根据什么输入做出的预测和判断 [人工智能概念] 从体验的三个典型实例出发，理解什么是人工智能
	活动 3	[人工智能的产生与发展] 阅读材料，学生完成探究实验报告单，思考通过测试能否判断出机器是否具有智能 [人工智能的应用] 阅读材料，了解人工智能在不同领域应用的典型案例，学生完成探究实验报告单
	活动 4	教师总结人工智能概念、产生与发展、典型应用 学生评价本节课内容，进一步完善实验报告单
第 2 课时	活动 1	[认识人脸识别] 教师演示人脸识别的过程 提出问题：什么是人脸识别？为什么计算机能识别出老师，为什么识别不出学生？人脸识别是根据什么输入做出的预测和判断

续表

课时	活动	教学过程
第2课时	活动2	[体验人脸识别] 学生以小组为单位，运行"人脸识别程序文件夹"中的三个程序，尝试修改运行程序的顺序等探究活动 学生完成探究实验报告单，体验人脸识别的过程
	活动3	[探究影响人脸识别准确率的因素] 学生以小组为单位，根据采集数据的次数对人脸识别准确性的影响的讨论、分析和实验，继续完成探究实验报告单，分析识别失败的原因并提出改进意见
	活动4	[总结归纳] 教师总结人脸识别技术。由人脸识别技术延伸到人工智能技术的综合运用，了解人工智能技术的发展情况，感受人工智能技术所带来的便利 学生评价本节课内容，进一步完善实验报告单。
第3课时	活动1	[感受人工智能带来的便利] 观看视频片段："刷脸"一路畅通 回顾上节课所学知识，感受人工智能技术带来的便利
	活动2	[探究人工智能可能带来的问题] 学生以小组为单位，运行"人脸识别程序文件夹"中的三个程序，尝试能否识别出照片、照片外泄等探究活动 学生完成探究实验报告单，讨论"人脸识别程序文件夹"中的三个程序在人脸识别时存在的问题，提出改进意见 小组讨论、归纳人工智能技术的双面性，感受人工智能带来的巨大变化和可能引发的问题
	活动3	[人工智能的安全问题和应对策略] 观看视频片段：2021两会观察：《个人信息保护法》草案将对人脸识别专项立法 学生完成探究实验报告单，探讨人工智能可能引发问题的应对策略
	活动4	[人工智能运用] 围绕提升工作效率、解决实际问题、服务社会等方面，提出一个人工智能技术在生活或学习中的运用方案（简单文字描述即可）
	活动5	各小组上传并分享本单元人工智能实验报告单，并对完成情况进行自我评价与小组间互评

四、续性学习评价

【评价内容与指标】

本案例中，学生对人工智能概念的理解是基础；基于此剖析人工智能技术是关键；实验具有重要的方法价值；科学态度与社会责任是根本目标。基于这样的考虑，确定的评价内容和指标见表3。

表3　确定"人工智能初步"单元学习评价内容和指标示例

评价内容	评价指标
核心概念及知识结构	1. 能否知道人工智能概念 2. 能否了解人工智能的安全问题和应对策略
变化观念	3. 能否结合生活中的应用分辨出是不是使用了人工智能技术
实验	4. 能否通过三个程序的分析，对实验事实进行探究验证 5. 能否综合运用多种方法分析影响人工智能准确性的因素
科学态度与社会责任	6. 能否分析人工智能带来的安全问题并提出应对策略 7. 能否养成实验记录分析的习惯

【评价的方法】

在案例中基于活动的评价方法如表4所示。

表4　规划"人工智能初步"单元学习评价方法示例

评价阶段	评价建议
第1课时	评价方式：教师评价与学生评价相结合，过程性评价与总结性评价相结合 评价要点：在课堂学习中，学生是否积极参与思考与讨论，踊跃交流和表达观点，是否能对人工智能有比较全面的了解，并通过对人工智能应用案例的分析，认识人工智能在信息社会的重要作用。在项目活动中，小组分工是否明确，是否能团队合作完成实验报告单；是否能体验人工智能典型实例的丰富内容
第2课时	评价方式：教师评价与学生评价相结合，过程性评价与总结性评价相结合 评价要点：在课堂学习中，学生是否积极参与思考与讨论，踊跃交流和表达观点，积极参与到活动体验和编程解决问题中；是否能了解人工智能平台中智能工具及其关键技术，亲历使用智能工具解决问题的过程，掌握利用智能工具解决问题的一般方法。在项目活动中，是否能积极参与小组讨论，团队合作完成"人脸识别"程序；是否能根据完善"人脸识别"程序的过程，理解其中智能工具的调用和功能的实现
第3课时	评价方式：教师评价与学生评价相结合，过程性评价与总结性评价相结合 评价要点：在课堂学习中，学生是否积极参与思考与讨论，踊跃交流和表达观点；是否了解人工智能技术给生活带来的便利，能结合人工智能技术可能引发的社会问题，提出有价值的应对策略。在项目活动中，是否能积极参与小组讨论，主动进行探究分析，完成指定的任务；是否能认真思考"人脸识别"的个性化设置，团队合作丰富知识库，撰写人工智能实验报告单；是否能积极参与自我评价与小组间互评

五、开放性学习环境

本案例的学习环境设计如下。

物理环境：

实验仪器：摄像头、台式电脑、实验报名单

桌椅摆放：学生桌椅摆放，二人一组

展示工具：黑板、希沃白板

虚拟环境：

评价系统：知新教学评价系统

即时反馈工具：希沃授课助手

学生学习资源：微视频、帮助文档、课件、在线 AI 体验中心

学生机实验环境：安装基于 TensorFlow 的人工智能第三方库

学生实验程序：人脸识别三个 Python 程序

六、反思性教学改进

【课前对以往教学的反思】

人工智能时代，人工智能技术及产品已经深深地影响到我们的学习、生活、工作。以往的人工智能教学，只是局限于让学生体验人工智能的一些应用，例如：在线翻译，与机器对弈等，对人工智能概念只有很浅显的了解。因为不注重对人工智能典型案例的剖析，所以对人工智能的相关技术了解不够深入。

本单元教学选择了一个人工智能典型案例进行剖析，此案例是计算机视觉（图像识别）的一项重要应用——人脸识别，以此作为切入点引导学生学习人工智能的相关知识，了解智能信息处理的巨大进步和应用潜力，认识人工智能在信息社会中的重要作用，同时认识到应用智能技术进行信息处理会存在一定的安全隐患。提高信息安全意识，利于提升学生的信息意识、计算思维、信息社会责任和数字化学习与创新学科核心素养。

创设真实情境，利用驱动性问题展开教学：人工智能是什么？人工智能

如何实现智能化，如何应用人工智能技术帮助我们处理信息解决问题？人工智能存在哪些安全隐患，应如何合理地使用人工智能？给学生提供自主探究的空间，促进学生积极思考。

通过体验人工智能的探究、小组协作、探究学习，完成"人工智能实验任务单"。在教学中，设计了一些活动，主要目的是让学生了解人工智能概念；了解人工智能相关技术；探究典型的人工智能系统实现过程；总结人工智能优势、可能存在的安全隐患以及合理使用人工智能的措施。

【课中对学生表现与设计效果的反思】

通过观察学生进行实验的过程，发现不同班级和水平的学生在进行实验探究时存在的差异性，部分学生只能从摄像头采集的次数这个单一角度来分析人工智能识别的准确性，很显然并不全面。也有部分班级的部分学生，可以从多个角度去探究去分析，总结出高质量的实验报告。通过观察学生动手实验的活动过程，能够有效探查和外显学生的思维，为教学调整提供证据。

对于社会性科学议题的讨论，部分学生的说法比较笼统，观点过于集中，缺少必要的材料支持。说明逐步完善"脚手架"的必要性。

【课后反思与改进】

针对学生在实验中存在的差异性的问题，在实际教学中不停改进实验报告单，保证对学生有明确引导的同时，也设置了一些开放程度高的问题供能力强的学生进行探究。同时在教学中加强教学巡视，发现一些高质量的实验报告可保存起来，后续用希沃授课助手进行投屏分享。

针对学生不能根据实验事实进行全面的分析，实验现象的观察不深入等问题，在实际教学中针对具体问题引导学生进行分析，探究影响人工智能准确性的因素有哪些，并进一步进行实验验证。

在实验过程中，需要给予学生充足的时间进行探究、展开讨论并形成自己的观点、理由，避免教师的观点先入为主，从而影响学生的科学决策。课前、课上及课下要统筹安排，课前让学生有所了解，课上引导学生在组内积极探究思考，课下为学生提供资料的支持，帮助学生不断进步。

案例五　简易特色课程选课系统

一、引领性学习主题

本案例的引领性学习主题可以表述为围绕"搭建简易特色课程选课系统"这一学习主题，从信息系统的开发与工作过程、信息系统的分析与设计、信息系统的实施与调试、信息系统体验与完善四个方面，开展探究搭建小型信息系统的综合活动。本单元依据学科大概念"数据、算法、信息系统、信息社会"来展开，包括以下核心概念——信息系统，以及信息系统的开发过程、工作过程、相关的软件应用等内容，主要是探究以搭建小型信息系统的综合活动，进一步认识信息系统的工作过程以及在社会应用中的优势及局限性。信息系统的开发过程包括系统规划、系统分析、系统设计、系统实施、系统运行与维护五个阶段。搭建小型信息系统所涉及的应用软件和平台包括数据库、应用软件集成开发环境（代码编辑器、图形用户界面等）。信息系统和信息社会的关系主要体现在信息系统在社会应用中的优势和局限性。优势体现在实现信息资源的有效利用，有助于管理和决策的科学化，进行辅助管理控制，降低企业的人力和信息成本。局限性表现在信息系统设计缺陷导致用户损失，信息系统受制于网络环境的安全因素，信息系统面临病毒攻击的风险，信息系统实施过程中隐藏的风险。

【主题知识结构】

根据对本单元课程标准的分析，结合教材的具体内容，从信息系统的相关概念和应用出发，围绕信息系统开发与工作、信息系统的分析与设计、信息系统的搭建来构建结构化知识体系内容结构，本案例中的主题知识结构如下图所示。

【课标要求与内容价值】

本单元属于高中信息技术必修 2 "信息系统与社会"模块，对应《课程

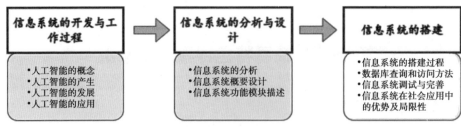

图1   "简易特色课程选课系统"单元学习主题知识结构图

标准》内容要求 2.5、2.8，具体为"通过分析常见的信息系统，理解软件在信息系统中的作用，借助软件工具与平台开发网络应用软件；通过搭建小型信息系统的综合活动，体验信息系统的工作过程，认识信息系统在社会应用中的优势及局限性"。本单元涉及的学业质量对应水平 2"认识信息系统对人们生活、工作与学习的重要性，在信息系统构建与应用的过程中，能够利用已有经验判断系统可能存在的信息安全风险，主动运用规避风险的思想与方法"。以及"通过构建简单的信息系统，知道信息系统的组成与功能，描述计算机、移动终端与软件的作用，能借助工具或平台开发网络应用软件"。这两点都属于应用性的考查要求。对应的学业要求为"理解软件在信息系统中的作用，借助软件工具与平台开发网络应用软件"，以及"能构建简单的信息系统，积极利用各种信息系统促进学习与发展"，主要培养学生学科核心素养水平 1 对应的计算思维、数字化学习和创新以及信息意识具体内容。

【主题学情分析】

高中学生作为数字原住民，在平时的生活和学习中经常接触各种各样的信息系统，比如校园一卡通、考试管理系统、图书管理系统和选课系统等。学生通过前面信息系统相关知识的学习，已了解信息系统的组成与功能，学习了计算机系统的组成，初步掌握了无线网络的搭建和基于物联网的信息系统。学生对于信息系统的组成有整体的认识，而对于如何设计和开发信息系统及信息系统的工作过程并不了解。高一学生已具备一定的抽象思维和学习迁移能力，能够在老师的指导下进行小组探究学习。学生基本熟悉项目学习的过程，能通过小组分工合作、任务规划和实施进行项目式学习。

二、素养导向的学习目标

在本单元学习中，学生通过体验信息系统的开发与工作过程，参与信息系统的分析与设计，搭建简易特色课程选课系统和选课系统体验与完善这四个方面，探究搭建小型信息系统的重要性。以"信息意识"素养为例，在本主题中引导学生从实际生活中发现项目素材，培养学生对问题求解与信息技术关联的意识，以及认识信息系统在社会应用中的优势及局限性。以"计算思维"素养为例，通过"搭建简易特色课程选课系统"的项目式学习让学生在信息系统的搭建过程中不断经历分析思考，采用计算思维的方式实践解决问题以及调试完善的过程，从而提升学生计算思维。以"数字化学习与创新"为例，为学生创设数字化学习环境和活动，引导学生利用数字化资源与工具搭建简易特色课程信息系统。再以"信息社会责任"为例，在主题中主要体现为能够利用已有经验判断系统可能存在的信息安全风险，主动运用规避风险的思想与方法。由此可以确定本案例中素养导向的单元学习目标，如表1所示。

表1　确定"简易特色课程选课系统"单元学习目标示例

课标素养名称	单元学习目标	对应关系说明
A1 信息意识 B1 计算思维 C1 数字化学习与创新 D1 信息社会责任	目标a：掌握可视化环境中创建数据表的方法，能积极利用各种信息系统促进学习与发展 目标b：理解软件在信息系统中的作用，能够描述信息系统可行性分析的方法，能够对一个简单功能模块进行概要设计，能够绘制常用信息系统的功能层次图 目标c：能构建简单的信息系统，知道信息系统的组成与功能，能描述计算机、移动终端与软件的作用，能借助工具或平台开发网络应用软件 目标d：认识信息系统在社会应用中的优势及局限性 目标e：认识信息系统对人们生活、工作与学习的重要性，在信息系统构建与应用的过程中，能够利用已有经验判断系统可能存在的信息安全风险，主动运用规避风险的思想与方法	目标a：C1 目标b：B1 目标c：B1 C1 目标d：A1 目标e：A1D1

上述单元学习目标体现了信息技术学科核心概念"信息系统"，通过"信息系统"这个核心概念串起相关知识点作为主线，并行展开的是一个以

"搭建简易特色课程选课系统"应用实例为任务的项目学习,体验信息系统开发的全过程,为将来进入社会相关领域工作增加一些实际经验。

三、挑战性学习活动

【设计依据与价值分析】

本案例让学生通过体验信息系统的设计与开发,了解从现实世界中明确的项目主题,形成对信息的敏感度和信息价值的判断力,进而分析项目目标与可行性。同时通过团队合作,围绕项目进行自主、协作学习,开展探究活动,提升信息获取、处理与应用、创新能力。分析搭建信息系统过程中的优势与局限性,可以让学生增强信息安全等意识,进而提升学生的信息意识、计算思维、信息社会责任和数字化学习与创新学科核心素养。本单元教学通过创设数字化学习环境,为学生提供丰富的课程资源。学生围绕单元学习主题自主学习、合作探究,提升创新实践能力。

【单元学习活动的规划】

本案例具体活动设计如表 2 所示。

表 2　设计"简易特色课程选课系统"单元学习活动示例

课时	活动	教学过程
第 1 课时	活动 1	[情境创设] 高一年级进行特色课程选课,有哪些方式可以方便快捷地实现选课(手写登记选课、借助答题卡选课、选课系统选课) 教师展示简易特色课程选课系统
	活动 2	[选课系统的组成和工作过程] 学生通过访问选课信息系统,剖析探究选课信息系统的组成 通过阅读课本或查找相关资料,探究选课系统工作过程,并绘制选课系统简单工作流程图 学生代表对选课系统的组成和工作过程进行展示交流,教师点评、补充 针对选课信息系统的管理员模块、教师模块、学生模块,学生以小组为单位,确定项目学习主题
	活动 3	[选课信息系统的开发过程及相关软件应用] 学生通过微课学习资源,了解信息系统的开发过程和相关软件应用,并根据选定的项目学习主题和选课系统的开发过程,进行项目整体的初步规划设计

续表

课时	活动	教学过程
第2课时	活动1	[选课信息系统的分析与概要设计] 思考：开发信息系统，需要进行系统的分析，那么在进行信息系统分析时，应该考虑哪些问题呢？请同学们以选课系统为例，完成信息系统的分析报告 学生分组讨论，并完成信息系统分析报告。以选课系统为例，对系统的开发目的、可行性、需求等方面进行分析
	活动2	[信息系统功能模块的描述] 学生根据所选项目主题(如管理员模块)，描述其有哪些具体的功能模块(如登录模块、特色课程信息模块等)，对应实现了系统需求分析的哪些方面？各模块有哪些功能 学生分组讨论，并在老师的引导下，完成信息系统设计报告的功能模块描述部分
	活动3	[选课信息系统的分析与设计] 学生对系统的某一简单功能模块、交互界面、数据关系等进行概要设计，完成信息系统设计报告的功能模块描述部分
第3课时	活动1	[开发环境的搭建] 学生通过微课学习资源自主学习，了解选课信息系统开发环境的搭建，并创建简易选课系统之管理员模块、教师模块或学生模块的新项目文件 [登录界面创建] 学生根据学案提示，实现选课系统不同模块的登录界面的制作
	活动2	[登录界面访问路径设置] 学生根据学案指引，对路径文件进行配置并讨论、理解代码的作用。
	活动3	[登录界面数据表创建与访问] 学生根据学案指引，针对不同的项目主题，创建管理员（或教师、学生）信息数据表，并录入初始用户数据
	活动4	[登录界面数据查询功能实现] 学生完成数据库数据的查询功能。搭建完登录界面后，运行项目程序 每个项目主题选一名学生代表进行展示交流，教师点评、补充，进行难点解疑
第4课时	活动1	[选课系统选课信息操作界面设计] 针对不同项目活动主题，学生进行选课信息操作界面的页面设计 管理员模块：新用户（教师、学生）信息添加，已有用户信息查询等 教师模块：添加新的课程信息，已有课程信息查询等 学生模块：特色课程选课、已选特色课程信息查询等

续表

课时	活动	教学过程
第4课时	活动2	[选课系统选课信息操作界面编程实现] 针对不同项目活动主题，学生根据学案指引，探究选课信息操作界面的编程实现（数据库插入、数据库查询） 教师总结数据库数据插入和查询语句的使用，并对典型问题进行解答
	活动3	学生完成项目学习的活动探究内容，并展示交流选课系统选课信息操作界面的探究过程
第5课时	活动1	[选课系统的调试与完善] 学生根据实际应用、需求分析以及用户体验，提出所体验的特色课程选课系统需要完善的地方
	活动2	[选课系统的改进] 学生讨论所开发的选课信息系统可能存在哪些信息安全风险，如何做好预防和规避
	活动3	[项目学习活动成果汇报] 以小组为单位，每个小组选出代表展示本小组所确定的选课信息系统模块的项目活动成果

四、持续性学习评价

【评价内容与指标】

本案例中，"信息系统"是学科核心概念，"信息系统的工作过程""信息系统的开发过程"等是知识结构，"根据问题需求选择合适的应用软件"是学科思想方法，"构建简单的信息系统""积极利用各种信息系统促进学习与发展"是关键能力，"判断系统可能存在的信息安全风险""主动运用规避风险"是社会责任。基于这样的考虑，确定的评价内容和指标如表3所示。

表3　确定"简易特色课程选课系统"单元学习评价内容和指标示例

评价内容	评价指标
核心概念及知识结构	1.能否描述信息系统的工作过程 2.能否描述信息系统的开发过程 3.能否描述信息系统的功能模块设计
学科思想方法	4.能否根据问题需求，选择合适的信息系统开发应用软件
关键能力	5.能否选用适当的应用软件，搭建简单信息系统 6.能否利用数据库插入、查询等操作，实现信息系统的数据操作
科学态度与社会责任	7.利用已有经验判断系统可能存在的信息安全风险，主动运用规避风险的思想与方法

【评价的方法】

在案例中基于活动的评价方法如表 4 所示。

表 4　规划"简易特色课程选课系统"单元学习评价方法示例

评价阶段	评价建议
第 1 课时	评价方式：教师评价与学生评价相结合，过程性评价与总结性评价相结合 评价要点：在课堂学习中，学生是否积极参与思考与讨论，踊跃交流和表达观点，是否能对信息系统有比较全面的了解，通过剖析选课信息系统，了解信息系统的组成和工作流程，掌握信息系统的开发过程。在项目活动中，小组分工是否明确，是否能合作完成工作流程图绘制；是否能积极参与项目作品的展示交流
第 2 课时	评价方式：教师评价与学生评价相结合，过程性评价与总结性评价相结合 评价要点：在课堂学习中，学生是否积极参与思考与讨论，踊跃交流和表达观点，能否完成需求分析报告，了解信息系统的分析；能否完成功能模块设计图，确定选课系统的组成。在项目活动中，是否能积极参与小组讨论，团队合作完成选课信息系统的分析与设计
第 3 课时	评价方式：教师评价与学生评价相结合，过程性评价与总结性评价相结合 评价要点：在课堂学习中，学生是否积极参与思考与讨论，踊跃交流和表达观点，能否完成开发环境的搭建，能创建登录界面、创建数据库、创建数据表并录入数据。在项目活动中，是否能积极参与小组讨论，团队合作完成选课信息系统的分析与设计
第 4 课时	评价方式：教师评价与学生评价相结合，过程性评价与总结性评价相结合 评价要点：在课堂学习中，学生是否积极参与思考与讨论，踊跃交流和表达观点，能否对选课系统选课信息操作界面进行设计，是否编程实现选课信息系统操作功能。在项目活动中，是否能积极参与小组讨论，团队合作完成选课信息系统的操作功能
第 5 课时	评价方式：以作品评价为主，教师评价与学生自评、小组互评相结合 评价要点：在课堂学习中，学生是否积极参与思考与讨论，踊跃交流和表达观点；是否能对选课系统调试与完善，了解选课信息系统可能存在哪些信息安全风险等。在项目活动中，学生是否能为小组项目主题完善提出有价值的建议；是否能与小组成员有效合作，参与展示交流

五、开放性学习环境

本案例的学习环境设计如下：

（一）物理环境：

实验仪器：台式电脑、实验报告单、项目活动评价量表

桌椅摆放：学生桌椅摆放六人一组

展示工具：黑板、希沃一体机

（二）虚拟环境：

评价系统：知新教学评价系统

学习支撑：极域电子教室、问卷星

学生学习资源：微课视频、学案、硬件使用文档、课件

学生机实验环境：Django、PyCharm 软件、Navicat Premium 数据库管理工具等软件的计算机系统

六、反思性教学改进

【课前对以往教学的反思】

项目来源基于真实的情境：基于真实情境的学习能促进学生对信息问题的敏感性、对知识学习的掌控力、对问题求解思考力的发展。因此，本单元"搭建简易特色课程选课系统"项目案例来自学生的真实生活。学生在真实情境中完成项目，这不仅让学生达成对单元知识的学习，而且也能够培养学生解决现实问题的能力。

以学生学习为主体，以项目整合课堂教学：本案例以学生学习为主体，通过项目学习整合课堂教学。学生在教师引导下，通过"搭建简易特色课程选课系统"的项目式学习让学生在信息系统的搭建过程中不断经历分析思考，采用计算机可以处理的方式实践解决问题以及调试完善的过程。

以单元统领知识结构：本案例以单元设计统领知识结构。依据课程标准及教材，在真实情境中围绕项目主题、知识技能、学习活动等选择学习资源，并进行结构化组织的学习单位。

【课中对学生表现与设计效果的反思】

个别小组对于项目式学习的开展存在困难，因此，教师要对项目小组引领及调节。依据学生的学习习惯、学习态度、学习能力、性格等以 4~6 人为一小组，尽可能做到"组内异质、组间同质"。在项目实施过程中遇到困难，鼓励小组长带领组员想方设法解决问题。若无法解决，可向教师寻求帮助。

如是组间的共性问题，教师要及时提出，并给予指导。教师要鼓励学生多动手、多动脑、多尝试、多交流。要及时对项目进行跟踪，并根据进展情况做出动态调控。

学生在项目学习过程中，对部分知识点的掌握还不够到位，特别是信息系统搭建过程中的数据库操作，学生第一次接触，相对比较抽象，学生在有限的时间内难以理解和消化。因此，在教与学的过程中，有针对性地设计学生活动，并借助数字化学习工具开展实践探究活动，让学生更加容易理解相关知识点。

学生展示交流比较表面化、简单化。如学生代表进行展示时，往往只停留在简单介绍实现了哪些功能，对于其中遇到哪些困难、采用什么方法解决，通过什么技术手段、实现什么功能，还需要在教师引导下进行，从而实现深度学习、深度思考，进行有深度的表达和展现。

【课后对以往教学的反思】

本单元通过构建简单的信息系统，借助软件工具与平台开发网络应用软件，体验信息系统的工作过程，认识信息系统在社会应用中的优势及局限性。整个单元围绕"简易特色课程选课系统设计与开发"这一项目主题，通过信息系统的开发与工作过程、信息系统的分析与设计、搭建简易特色课程选课系统、简易特色课程选课系统体验与完善四个课时的学习，以小组为单位，让学生了解信息系统设计与开发过程。整节课在教师主导下，激发和保持学生的学习兴趣，把学生全面发展放在首位，突出学生的主体地位，创造性地运用教学方法，营造和谐、民主、宽松的课堂教学氛围。同时善于引导学生合作完成项目实验，提高实验完成度。比如，在各个课时的学习中，通过搭建选课系统学生登录界面功能模块，让学生能初步了解信息系统的搭建过程，并在自主探究和合作学习过程中，形成自主构建知识体系的能力。

本单元虽然取得了较好的预期目标，但本课中选课信息系统的设计还有一定的局限性，学生在设计与开发过程中，主要以体验为主，缺少对系统的整体设计经历。

案例六　校运会报名系统的设计与实现

一、引领性学习主题

本案例的引领性学习主题可以表述为"通过校运会报名系统的设计与实现，理解数组、链表等基本数据结构的概念，并能编程实现其相关操作，比较数组、链表的区别，明确上述两种数据结构在存储不同类型数据中的作用"。通过主题学习项目"校运会报名系统的设计与实现"来理解数据结构和抽象数据类型的基本概念，认识数据结构在解决问题过程中的重要作用，以及抽象数据类型对数据处理的重要性，结合生活实际，通过问题分析与程序实现，理解数组、链表等概念，并能够根据需求选择合适的存储方式。

【主题知识结构】

根据对本单元对应《课程标准》的分析，结合教材的具体内容，本单元从数据之间的内在联系出发到数据的组织和存储结构再到数据结构的应用来构建结构化知识体系，本案例中的主题知识结构如图 1 所示。

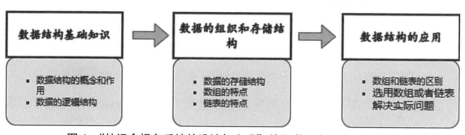

图 1　"校运会报名系统的设计与实现"单元学习主题知识结构图

【课标要求与内容价值】

本案例属于高中信息技术选择性必修一"数据与数据结构"模块，对应《课程标准》内容要求 1.3 和 1.4，具体为"结合生活实际，理解数据结构的概念，认识数据结构在解决问题过程中的重要作用。通过案例分析，理解数组、链表等基本数据结构的概念，并能编程实现其相关操作。比较数组、链表的区别，明确上述两种数据结构在存储不同类型数据中的作用"。本单元涉及的学业质量对应水平 3 和水平 4，具体为"知道数据结构对于数据处理的重要性，能够辨别简单的基于线性表的程序设计中的数据组织形式，描述数据的逻辑结构、存储结构和运算。能够评判线性表等数据结构使用的合理性。能够针对较为隐蔽的实际问题进行数据抽象，运用线性表等数据结构合理组织、存储数据，选择合适的算法编程实现、解决问题"。属于相对较高的考查要求。对应的学业要求为"学生能够将有限制条件的、复杂生活情境中的关系进行抽象，用数据结构表达数据的逻辑关系。能够从数据结构的视角审视基于数组、链表的程序，解释程序中数据的组织形式，描述数据的逻辑结构及其操作，评判其中数据结构运用的合理性；能够针对限定条件的实际问题进行数据抽象，运用数据结构合理组织、存储数据，选择合适的算法编程实现、解决问题。能够分析数据与社会各领域间的关系，自觉遵守相应的伦理道德和法律法规"。本单元主要核心概念界定为"数据、算法"，主要是探究数组和链表两种数据结构以及合理选择数据结构设计算法解决实际问题。

【主题学情分析】

高中学生具备一定的独立思考和自主学习能力，他们善于发现生活中的问题，更喜欢和同伴交流，享受解决问题带来的成就感。选择学习"数据与数据结构"的学生，他们对信息技术有浓厚的学习兴趣和强烈的学习动机。

通过必修模块的学习，学生能够分析数据及数据中所承载的信息，能够对数据进行可视化表达，能够运用基本算法设计解决问题的方案，能使用一门编程语言实现。但从数据结构视角去设计算法和程序，解决非数值计算领域的问题，对数据之间的内在联系和数据的存储结构缺乏了解。

二、素养导向的学习目标

本案例的引领性单元学习主题为"通过分析校运会报名系统里的数据及其关系，理解数据结构的概念及其作用，理解数据的逻辑结构，培养学生寻找关键数据的意识和能力；通过探究学生信息表的顺序存储结构和链式存储结构及其操作，理解数组和链表及其特点，并能设计算法实现校运会报名系统的基本功能，理解数组和链表的程序实现方法，培养学生使用数组或链表解决问题的能力，学会尊重和保护他人隐私数据；通过校运会报名系统汇报和评价，能够从数据结构的视角审视基于数组、链表的程序，评判数据结构运用的合理性"。以"信息意识"素养为例，在本主题较为复杂的信息情境中，能认识到数据管理与分析对提高信息价值的重要性。以"计算思维"素养为例，在主题中主要体现为正确区分问题简介中涉及的各种数据，并采用适当的数据类型表示。以"数字化学习与创新"为例，在主题中主要体现在技术丰富的学习环境中，能有效评估多样化的数字化资源与工具对特定学习任务的价值。再以"信息社会责任"为例，在主题中主要体现在信息活动中，认识到信息技术具有两面性，在带来积极作用的同时，也会带来一些负面影响。由此确定本案例中素养导向的单元学习目标，如表 1 所示。

表 1　确定"校运会报名系统的设计与实现"单元学习目标示例

课标素养名称	单元学习目标	对应关系说明
A1 信息意识 B1 计算思维 C1 数字化学习与创新 D1 信息社会责任	目标 a：通过分析校运会报名系统数据及数据之间的关系，设计数据表，对数据抽象的思想和方法有初步的认识 目标 b：通过对数据的不同存储结构的探究，掌握数组、链表的特点，理解数组和链表的程序实现方法，认识到数据结构的重要作用，对数据结构的思想和方法有初步的认识 目标 c：通过小组讨论，确定小组完成的校运会报名系统的功能模块，根据数组和链表的区别，选用合适的存储结构，设计算法并编程实现，培养学生利用数据结构和程序解决实际问题的能力 目标 d：选择合适的数字化学习工具，撰写项目报告，描述项目设计和实现的过程和依据，评判其中数据结构运用的合理性，体验和总结数据结构的思想和方法	目标 a：A1，B1 目标 b：B1 目标 c：B1 目标 d：B1，C1，D1

上述单元学习目标就是引导学生理解数据结构、抽象数据类型等基本概念。通过"校运会报名系统的设计与实现"单元主题的实施，让学生通过实现数据链表操作，体验数据的组织形式，理解算法与数据结构的关系，从而将知识建构、技能培养与思维发展融入运用数字化工具解决问题和完成任务的过程中，促进本单元对应学科核心素养的达成，完成项目学习目标。

三、挑战性学习活动

【设计依据与价值分析】

本案例围绕"校运会报名系统的设计与实现"单元主题开展项目学习，以小组为单位，在探究学习活动中发现并体验数据结构实例，并完成项目程序"校运会报名系统"，让学生感受数据结构中所蕴含的变与不变的思想，认识数据结构在解决问题过程中的重要作用，理解数组、链表的概念，提升使用 python 语言编程的能力，为后面的学习打下扎实基础。

【单元学习活动的规划】

本案例具体活动设计如表 2 所示。

表 2　设计"校运会报名系统的设计与实现"单元学习活动示例

课时	活动	教学过程
第 1 课时	活动 1	小组合作，分析校运会系统里有哪些数据，设计数据表。组内交流并讨论
	活动 2	自主学习微课（逻辑结构），对照学生信息表，找出表中的数据元素、数据项和数据对象，分析每一行数据之间的关系
	活动 3	剖析数据结构的应用案例。小组讨论：数据结构的作用和意义并完成导学案
第 2 课时	活动 1	观察顺序存储结构示意图，分析顺序存储结构的特点，完成分析表
	活动 2	小组合作，用示意图表示数组的插入和删除操作。组内交流数组的特点，填写导学案
	活动 3	小组合作：阅读数组操作的程序并补充完整，实现学生信息表的操作 组内交流：程序实现数组操作的注意事项，填写导学案
第 3 课时	活动 1	自主学习：观察链式存储结构示意图，完成链式存储结构的分析表
	活动 2	用示意图表示链表的插入和删除操作
	活动 3	自主学习微课，在程序中定义链表
	活动 4	小组合作：阅读程序并补充完整，实现学生信息表的插入和删除操作。组内交流：程序实现链表相关操作的注意事项，填写导学案
第 4 课时	活动 1	小组讨论，比较数组和链表的区别，完成对比分析表
	活动 2	小组合作，探究比赛项目信息表和学生报名表的数据特点，完成数据分析表
	活动 3	小组讨论，确定小组要完成的校运会报名系统的功能模块，并用图示表示
	活动 4	小组合作，设计校运会报名系统的算法

续表

课时	活动	教学过程
第5–6课时	活动1	根据上节课的算法设计编写程序，实现校运会系统里的比赛项目信息表和学生报名信息表及操作（可根据实际情况，选择性实现部分或全部功能。）
	活动2	调试修改程序，输入测试数据，验证程序的正确性
	活动3	组内交流编程的注意事项，整理程序及文档
第7课时	活动1	根据以下内容完成项目报告 （1）解决的问题 （2）数据的组织形式 （3）算法设计 （4）程序实现 （5）调试运行情况 （6）解决问题的注意事项
	活动2	小组汇报 解释校运会报名系统程序中数据的组织形式 评判其中数据结构运用的合理性
	活动3	小组项目评价 （1）根据"校运会报名系统的设计与实现"评价标准评价一个组的作品 （2）评价其他小组作品

四、持续性学习评价

【评价内容与指标】

本案例中，学生对计算机解决问题的基本过程的理解是基础；基于此算法的三种控制结构是关键；操作实践是检验学习知识的重要途径；科学态度与社会责任是根本目标。基于这样的考虑，确定的评价内容和指标如下表3所示。

表3　确定"校运会报名系统的设计与实现"单元学习评价内容和指标示例

评价内容	评价指标
核心概念及知识结构	1. 理解数据结构的概念 2. 理解抽象数据类型的概念 3. 理解数组、链表等基本数据结构的概念
变化观念	4. 认识数据结构在解决问题过程中的重要作用 5. 认识抽象数据类型对数据处理的重要性

续表

评价内容	评价指标
实践技巧	6. 能够编程实现数组、链表等基本数据结构的相关操作 7. 明确数组、链表在存储不同类型数据的应用
科学态度与 社会责任	8. 能够合理、准确呈现项目活动结果

【评价的方法】

在案例中基于活动的评价方法如表 4 所示：

表 4 规划"校运会报名系统的设计与实现"单元学习评价方法示例

评价阶段	评价建议
第 1 课时	评价方式：过程性评价与总结评价相结合，教师评价与学生自评相结合 评价要点：在课堂学习中，学生是否积极参与活动体验和问题思考，踊跃交流和表达观点；是否理解物联网的概念和发展历程，能够利用思维导图分析智能交通领域的应用，以及归纳物联网的特征。在项目活动中，是否能积极参与小组项目主题讨论，提出有价值的观点
第 2 课时	评价方式：过程性评价与作业评价相结合，教师评价与学生自评相结合 评价要点：在课堂学习中，学生是否积极参与活动体验和问题思考，踊跃交流和表达观点；是否能够结合学习主题，用思维导图画出共享单车的工作原理 在项目活动中，是否能积极参与小组项目主题讨论，提出有价值的观点；是否能合理准确地呈现项目活动成果
第 3 课时	评价方式：教师评价与学生评价相结合，过程性评价与总结性评价相结合 评价要点：在课堂学习中，学生是否积极参与思考与讨论，踊跃交流和表达观点；是否理解自动识别技术，能够利用思维导图分析 ETC 不停车收费系统涉及的物联网技术。在项目活动中，是否能积极参与小组项目主题讨论，提出有价值的观点；是否能合理准确地呈现项目活动成果
第 4 课时	评价方式：教师评价与学生评价相结合，过程评价与总结性评价相结合 评价要点：在课堂学习中，学生是否积极参与思考与讨论，踊跃交流和表达观点；是否能够对比扫码支付、刷卡支付、手机 NFC 支付等支付方式的异同，完成实验虚拟交通卡的创建与读取，认识移动支付技术在日常生活中的重要作用。在项目活动中，是否能积极参与小组项目主题讨论，提出有价值的观点；是否能积极参与展示，认真评价自己和他人作品，完成项目活动评价表

续表

评价阶段	评价建议
第5—6课时	评价方式：教师评价与学生评价相结合，过程性评价与总结性评价相结合 评价要点：在课堂学习中，学生是否积极参与思考与讨论，踊跃交流和表达观点；是否能够分析物联网技术存在的风险，根据原理生成应对措施。在项目活动中，是否能积极参与小组讨论，根据问题分析，讨论并确定出明确的结论和建议；是否能开展小组合作，完成单元活动表
第7课时	评价方式：教师评价与学生评价相结合，过程性评价与总结性评价相结合 评价要点：在课堂学习中，学生是否积极参与思考，踊跃交流和表达观点；是否归纳创新网络服务的特点，认识创新网络服务对人们未来生活、工作与学习的影响。在项目活动中，是否能积极参与小组讨论，根据问题分析，讨论并确定出明确的结论和建议

五、开放性学习环境

本案例的学习环境设计如下：

物理环境：

环境配置：台式电脑、python3.7

展示工具：黑板、实物展示仪

评价材料：项目实施报告单、学习过程评价量表、项目活动评价量表

虚拟环境：

即时反馈工具：班级优化大师

学生学习资源：微课、帮助文档、课件、在线 python 学习系统

学生机探究环境：待完善的 python 程序代码

六、反思性教学改进

【课前对以往教学的反思】

常规的教学设计是从教科书的教学内容出发，主要是理解数据结构和抽象数据类型的基本概念，认识数据结构在解决问题过程中的重要作用，以及抽象数据类型对数据处理的重要性，结合生活实际，通过分析问题与程序实现的操作，理解数组、链表等概念，并根据需求选择合适的存储方式。

【课中对学生表现与设计效果的反思】

本单元活动能让学生一直保持很浓的学习兴趣，积极参与课堂的学习活动，课堂的学习氛围良好。本节课是在第一节课理解数据结构的基本概念，能够用数据结构表达数据的逻辑关系的基础上，进一步了解线性表的顺序存储结构，体验顺序存储结构处理数据的一般过程。

本节课的项目活动以"校运会系统学生信息表"顺序存储结构的实现为学习主线，整个项目分为问题剖析、设计算法和程序实现三部分内容。首先，从问题分析开始，根据上节课的知识储备，分析运动会报名信息表每一个数据元素之间的逻辑关系，确定数据元素之间存在着一对一的关系。其次，详细阐述线性表采用顺序存储时，用数组表示信息的插入和删除过程，并通过图形描述数组数据的逻辑结构及插入和删除操作，最后通过 Python 语言实现线性表的顺序存储，在程序的调试运行中验证算法的正确性，评判其中数据结构运用的合理性，在此过程中培养学生的计算思维。

【课后对以往教学的反思】

探索运动会报名信息表的实现，不仅能加深学生对数据结构基本概念和线性表顺序存储过程的理解，而且体验运用所学到的线性数据结构知识解决生活中的真实问题，在编写程序过程中进行自主和协作探究，从而培养并提升学生的数字化学习和创新能力。

在教学实践过程中发现，虽然两个合作探究任务给学生一些探究方向的指引，但在完成实验的过程中，部分小组学生能做出一些非常规的探究，提出并发现更多的问题。

案例七　智能交通的物联网应用

一、引领性学习主题

本案例的引领性学习主题可以表述为"通过智能交通应用典型案例的剖析，了解物联网相关技术与设备以及功能，了解物联网设备的工作原理，认识物联网在信息社会中的重要作用与影响，掌握构建个人安全用网的基本方法，增强网络意识"。以智能交通应用的整体探究作为案例情境，体验物联网及其他网络在日常生活、学习中的应用。"物联网、网络安全、创新网络服务"是本单元的核心概念，"物联网的技术及应用"是主题中的学科大概念，是对教学价值的概括与揭示。核心概念和学科大概念的确定通常基于主题知识结构的分析，并以《课程标准》中的内容要求为依据。

【主题知识结构】

根据对本单元课程标准各项核心概念的分析，结合教材的具体内容，本单元从智能交通物联网的相关概念和应用出发，围绕认识物联网、分析相关技术、合理使用物联网展开来构建结构化知识体系内容结构，本案例中的主题知识结构如图 1 所示。

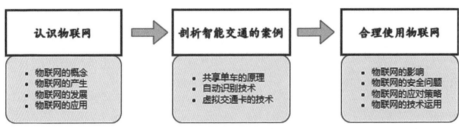

图 1　"智能交通的物联网应用"单元学习主题知识结构图

【课标要求与内容价值】

本案例属于高中信息技术选择性必修 2 "网络基础"模块，对应《课程标准》内容要求 2.7、2.8。具体为"掌握物联网的概念及其发展历程，了解与物联网相关的设备及其功能，描述其工作原理；体验物联网、'互联网 +'

以及其他相关网络在日常生活、学习中的应用（如 bluetooth〈蓝牙〉、NFC〈近场通信〉等），探讨创新网络服务对人们未来生活、工作与学习的影响"。本单元涉及的学业质量对应水平 1 "理解物联网的概念，认识与物联网相关的应用"。属于相对基础性的考查要求。对应的学业要求为"理解影响网络传输质量的基本因素"。"能列举日常生活中与物联网相关的设备，描述其工作原理。掌握构建个人安全用网环境的基本方法，具备判断日常网络使用中不安全问题产生的原因和应对网络安全问题的能力，具有较强的网络安全意识，形成积极、安全的使用网络观念"。主要培养学生学科核心素养水平 1 对应的计算思维和信息意识等具体内容。依据学科大概念"物联网""网络安全""创新网络服务"，本单元主要核心概念界定为"物联网"，主要探究二维码、感应器和射频识别基础上物联技术及应用。

【主题学情分析】

在学习本课前，学生已完成必修模块 1 "数据与计算"、必修模块 2 "信息系统与社会"及选择性必修模块 2 "网络基础"前面两部分内容的学习，具有一定的知识基础。学生对物联网应用感兴趣，如移动网络、Wifi 等，并且比较容易接受，具有一定的学习能力和一定的使用经验。

学生虽能熟练使用常见的物联网应用，但对应用背后的技术原理缺乏理解。学生对免费的、公共的网络缺乏安全防范意识，对个人安全用网环境及安全使用网络的意识还要加强。从一个问题的解决迁移到另一个问题的解决的能力还有待提高。

从学生活动经验来看，设计的实验报告单具有开放性、不确定性等特点，在课堂中具有较强的情境性，涉及许多与实际生活相联系的问题，在为学生创设真实课堂情境提供素材的同时，也向学生呈现非常真实的科学共同体环境，学生面对综合复杂的问题时，可以运用所学知识，探究并参与讨论。在探究过程中，加强高层次认知与思考的能力，培养科学态度与社会责任感，提升信息素养。

二、素养导向的学习目标

本案例的引领性学习主题为通过智能交通应用典型案例的剖析，了解物联网相关技术与设备以及功能，了解物联网设备的工作原理，认识物联网在信息社会中的重要作用与影响，掌握构建个人安全用网的基本方法，增强网络意识。以"信息意识"素养为例，在本主题中能够根据解决问题的需要，采用有效策略对信息内容的准确性、指向的目的性做出合理判断。针对较为复杂的信息问题，能综合分析获取的信息，并判断其核心价值，具备选用信息技术工具进行信息安全防范的意识；以"计算思维"素养为例，在主题中主要体现针对较为复杂的任务，能运用形式化方法描述问题，并能迁移到与之相关的其他问题解决中；以"数字化学习与创新"为例，在主题中主要体现为掌握数字化学习资源与学习工具的操作技能。在技术丰富的学习环境中，能有效评估多样化的数字化资源与工具对特定学习任务的价值。根据不同学科的特征，有效运用相应的数字化学习资源与工具，提高学习质量；再以"信息社会责任"为例，在主题中主要体现为具有一定的信息安全意识与能力，对于信息技术创新所产生的新观念和新事物，具有积极学习的态度、理性判断和负责行动的能力。在信息技术应用过程中，能运用一定的技术性策略保障信息安全。由此可以确定本案例中素养导向的单元学习目标，如表 1 所示。

表 1 确定"智能交通的物联网应用"单元学习目标示例

课标素养名称	单元学习目标	对应关系说明
A1 信息意识 B1 计算思维 C1 数字化学习与创新 D1 信息社会责任	目标 a：理解物联网的概念，认识与物联网相关的应用；通过智能交通物联网应用的整体探究，体验物联网及其他网络在日常生活、学习中的应用；掌握物联网的概念、特征及其发展历程 目标 b：理解影响网络传输质量的基本因素；通过对共享单车、ETC、NFC 等应用探究，了解物联网相关的设备及其功能；能描述物联网设备的工作原理 目标 c：熟知常见的网络服务，理解创新网络服务的意义，列举日常生活中与物联网相关的设备，描述其工作原理 通过对 Wifi、二维码、NFC 等物联网技术安全对比分析，掌握构建个人安全用网环境的基本方法，增强网络安全意识，形成积极、安全使用网络的观念 目标 d：信息社会责任，形成积极、安全使用网络的观念，具备防范网络安全隐患的意识，能判断日常网络使用中不安全问题产生的原因，掌握构建个人安全网络环境的基本方法。通过对智能交通及其他领域的应用探究，探讨创新网络服务对人们未来生活、工作与学习的影响。	目标 a：A1 目标 b：B1 目标 c：C1，D1 目标 d：b1d1

上述单元学习目标 a 指向物联网等学科观念，结合智能交通物联网典型案例了解概念、技术；目标 b 和 c 指向研究过程与方法，强调通过单元小组协作、探究学习进行体验和分析等；目标 d 指向育人价值，强调物联网技术的应用及其社会影响，以及构建安全网络环境的意识与方法。这些单元学习目标从学科观念、研究过程与方法、育人价值等层面对引领性学习主题的素养发展价值进行了解析，目标间是彼此关联、相互支持的。

三、挑战性学习活动

【设计依据与价值分析】

本案例的挑战性学习任务是"基于智能交通的物联网应用探究"，该任务满足课程标准中的内容要求、学业要求。该任务可以保证与核心知识、思想方法的一致性，并合理整合教学内容。同时，在《课程标准》的教学策略、学习活动建议以及情境素材建议等方面完成挑战性任务与设计，还可以自选情境素材与任务，从学科认识价值和育人价值等角度充分论证其合理性。

以"ETC 不停车收费系统探究""共享单车""虚拟交通卡"为例，物联网、自动识别技术、移动支付的运用，已经深深地影响到我们的学习、生活、工作，其中"共享单车""交通卡""ETC 不停车收费系统"是物联、移动支付、自动识别技术的典型案例，贴近学生生活，可以充分调动其学习积极性。

【单元学习活动的规划】

本案例具体活动设计如表 2 所示。

表 2　设计"智能交通的物联网应用"单元学习活动示例

课时	活动	教学过程
第 1 课时	活动 1	资料查阅：通过网上查阅资料，理解物联网的概念和发展历程
	活动 2	分析讨论：利用思维导图分析智能交通领域的应用
	活动 3	总结归纳：结合实际案例分析物联网的特征
第 2 课时	活动 1	[共享单车] 1.思考分析：阅读观看共享单车的资料和视频，思考其工作原理 教师以《共享单车原理探究》的视频和原理资料为导入，总结绘出思维导图，介绍共享单车的原理 提出问题：共享单车的原理是什么

续表

课时	活动	教学过程
第2课时	活动2	[小组共绘思维导图] 2.总结分析：小组用思维导图画出共享单车的工作原理 学生以小组为单位，谈论共享单车的背后原理：物联+互联网+移动支付 学生完成思维导图的绘制，思考背后的原理 [物联+互联网+移动支付] 从体验的经验出发，理解什么是物联网，物联网的常见设备及功能
	活动3	教师总结物联网概念、物联网的工作原理、典型应用。 学生评价本节课内容，进一步完善思维导图和单元活动记录表，并讨论和思考共享单车的发展与改进
第3课时	活动1	[ETC不停车收费系统探究] 1.教师布置任务——通过网上查阅ETC不停车收费系统相关资料 提出问题：了解什么是自动识别技术
	活动2	[讨论分析] 2.小组讨论交流，通过观看视频和阅读老师提供的阅读材料，分析ETC的工作原理、使用的技术，并思考是否有可以改进的地方，提出改进的设想 学生尝试利用思维导图分析ETC不停车收费系统涉及的物联网技术，完成单元活动记录表
	活动3	[总结归纳] 硬件软件条件允许的话，可以让学生体验图像识别技术（模拟车牌识别） 教师总结自动识别技术。ETC不停车收费系统涉及的物联网技术延伸到其他领域的自动识别技术，了解自动识别技术的发展情况，感受自动识别技术所带来的便利 学生评价本节课内容，进一步完善单元活动记录表
第4课时	活动1	[移动支付带来的便利] 观看视频片段《移动支付带来的便利》 结合自己的体验，感受移动支付技术带来的便利。
	活动2	[对比分析] 1.对比分析：根据阅读材料，对比扫码支付、刷卡支付、手机NFC支付等支付方式的异同，并填写活动记录表 学生以小组为单位，对比分析：根据阅读材料，对比扫码支付、刷卡支付、手机NFC支付等支付方式的异同，并填写活动记录表 小组讨论、归纳移动支付技术的双面性，感受移动支付带来的巨大变化和可能引发的问题

续表

课时	活动	教学过程
第4课时	活动3	[实验虚拟交通卡的创建与读取] 2.实践探索：小组完成以下两项实验，并填写实验记录表： A.利用带有NFC功能的智能手机创建一张虚拟交通卡 B.利用带有NFC功能的智能手机读取实体交通卡数据并充值 学生完成探究实验报告单
	活动4	各小组上传展示并分享本单元移动支付实验报告单，并对完成情况进行自我评价与小组间互评
第5课时	活动1	学生个体自主探究，通过前几节课的学习，已经知道了工作原理，去分析这几个技术存在的风险，根据原理生成应对措施 通过自主探究，完成自己思考、自己内化
	活动2	小组合作分析其他领域物联网应用中有哪些不安全的因素，再通过小组合作，分享各自的观点，让学生取长补短，对相关知识掌握更全面
	活动3	最后用单元活动表来梳理归纳
第6课时	活动1	1.分析思考：根据前面几个课时的智能交通物联网应用案例，分析思考创新网络服务的特点 总结分析之前的智能交通物联网应用案例，思考创新网络服务的特点
	活动2	2.拓展延伸：围绕创新网络服务对人们未来生活、工作与学习的影响这一主题，小组可以根据实际情况谈谈其他领域的物联网应用 小组围绕创新网络服务对人们未来生活、工作与学习的影响这一主题，谈谈其他领域的物联网应用

四、持续性学习评价

【评价内容与指标】

本案例中，学生对物联网的理解是基础；基于此剖析物联网涉及的技术是关键；实验具有重要的方法价值；科学态度与社会责任是根本目标。基于这样的考虑，确定的评价内容和指标如表3。

表3　确定"智能交通的物联网应用"单元学习评价内容和指标示例

评价内容	评价指标
核心概念及知识结构	1.能否知道物联网概念 2.能否了解物联网的安全问题和应对策略
变化观念	3.能否结合生活中的应用分辨出是不是使用了物联网技术（自动识别技术、移动支付技术）

续表

评价内容	评价指标
实验	4. 能否通过利用带有 NFC 功能的智能手机创建一张虚拟交通卡，利用带有 NFC 功能的智能手机读取实体交通卡数据并充值，通过实验事实进行探究验证 5. 能否综合运用多种方法思考物联网带来的便利
科学态度与社会责任	6. 能否分析物联网带来的安全问题并提出应对策略 7. 能否养成分析实验记录的习惯

【评价的方法】

在案例中基于活动的评价方法如表 4 所示。

表 4　规划"智能交通的物联网应用"单元学习评价方法示例

评价阶段	评价建议
第 1—2 课时	评价方式：教师评价与学生评价相结合，过程性评价与总结性评价相结合 评价要点：在课堂学习中，学生是否积极参与思考与讨论，分享对智能交通系统的理解和想法，评估他们的思维能力和合作精神，是否通过分组开展探究活动，完成实验报告单，知道什么是物联网，了解物联网的产生、发展及典型应用；在项目活动中，小组分工是否明确，是否能利用思维导图分析智能交通领域的应用
第 2—3 课时	评价方式：教师评价与学生评价相结合，过程性评价与总结性评价相结合 评价要点：在课堂学习中，学生是否积极参与思考与讨论，踊跃交流和表达观点；是否能够通过小组学习，了解什么是自动识别技术，了解自动识别技术在智能交通中的应用及其原理。能分析比较物联网不同支付方式的异同，知道 NFC 的概念及相关特征，能描述 NFC 读卡器模式的工作原理，知道 NFC 的概念及相关特征，通过小组协作、探究学习的形式，进行探究活动实验，完成探究活动实验报告
第 5—6 课时	评价方式：教师评价与学生评价相结合，过程性评价与总结性评价相结合 评价要点：在课堂学习中，学生是否积极参与思考与讨论，踊跃交流和表达观点；分组开展探究活动，完成实验报告单，了解物联网的安全问题和应对策略，最终完成本单元物联网的实验报告单；是否能积极参与自我评价与小组间互评

五、开放性学习环境

本案例的学习环境设计如下：

物理环境：

实验仪器：摄像头、台式电脑、单元活动记录表、实验记录表

桌椅摆放：4~6 人一组的形式

展示工具：黑板、希沃白板

虚拟环境：

评价系统：知新教学评价系统

即时反馈工具：希沃授课助手

学生学习资源：微视频、帮助文档、课件、资料包

学生机实验环境：思维导图软件、实验的硬件设备（带 NFC 功能的手机、交通卡）

本单元教学通过创设数字化学习环境，为学生提供丰富的课程资源。学生围绕单元学习主题自主学习、合作探究，提升创新实践能力。

六、反思性教学改进

【课前对以往教学的反思】

理论知识与实际应用的脱节。在以往的教学中，过于注重物联网理论知识的传授，而忽略了将其与实际应用相结合，导致学生难以真正理解物联网技术的实际应用价值，学生参与度低。由于教学方法单一，缺乏互动性，学生的学习积极性和参与度较低，影响了学习效果；缺乏对学生差异的关注。

在以往的教学中，未充分考虑学生的个体差异和需求，导致部分学生难以跟上教学进度；加强实践应用教学。在理论知识传授的基础上，增加实践应用教学环节，让学生通过实际操作加深对物联网技术的理解；增加互动环节。设计小组讨论、案例分析等活动，提高学生的参与度和互动性；关注学生差异。在课前预习、课堂互动和课后作业等方面，针对不同层次的学生制

定个性化的教学方案，确保每个学生都能得到充分的关注和指导。

【课中对学生表现与设计效果的反思】

调整教学进度和难度。针对部分学生基础知识薄弱的问题，教师在课堂上应适当放慢教学进度，确保每个学生都能充分理解教学内容。同时，针对难度较大的知识点，通过案例分析、小组讨论等方式进行深入讲解。

加强与实际应用的联系。在布置设计任务时，教师应注重与实际应用的联系，引导学生思考如何将所学知识应用到实际场景中。同时，在讲解设计效果时，强调与实际应用的对比和分析，帮助学生更好地理解物联网技术的应用价值。

【课后对以往教学的反思】

缺乏对学生创新能力的培养。在以往教学中，教师过于注重学生对理论知识和应用的理解，而忽略了培养他们的创新能力。导致学生在面对新问题时缺乏独立思考和解决问题的能力。

教学方法的单一性。在以往的教学中，教师主要采用传统的讲授法进行教学，未充分考虑其他教学方法的运用。使得学生在学习过程中容易产生疲劳感，影响学习效果。

案例八 校园智能停车场系统开发

一、引领性学习主题

本案例的引领性学习主题可以表述为"通过人工智能应用系统开发的项目活动，体验系统开发的基本流程，系统开发中人工智能应用技术的工作原理，提升利用数字化工具解决问题的能力"。本案例围绕信息技术课程学科大概念"人工智能"这个核心概念展开。人工智能是研究使用计算机来模拟人的某些思维过程和智能行为（如学习、推理、思考、规划等）的学科，主要包括计算机实现智能的原理、制造类似于人脑智能的计算机，使计算机能实现更高层次的应用。单元教学的重点是"校园智能停车场系统开发的综合活动"，即根据特定的需求，将人工智能技术应用和信息系统开发组合一起，形成一个完整的人工智能应用系统。

【主题知识结构】

根据对本单元对应《课程标准》的分析，结合教材的具体内容，从人工智能的相关概念和应用出发，围绕系统项目分析、系统规划设计、开发环境配置以及系统开发实施展开来构建结构化知识体系内容结构，本案例中的主题知识结构如图 1 所示。

图 1 "校园智能停车场系统开发"单元学习主题知识结构图

【课标要求与内容价值】

本案例属于高中信息技术选择性必修 4 "人工智能初步"模块，对应《课程标准》内容要求 4.3、4.6，具体为"指导特定领域（如机器学习）人工智能应用系统的开发工具和开发平台，通过具体案例了解这些工具的特点、应用模式及局限性；通过智能系统的应用体验，了解社会智能化所面临的伦理及安全挑战，知道信息系统安全的基本方法和措施，增强安全防护意识和责任感"。本单元涉及的学业质量对应水平 1 "认识人工智能在信息社会中的重要作用；对信息系统在人们生活、工作与学习中的重要作用有一定的认识"和水平 3 "理解数据管理与分析系统或工具在完成任务中的作用，能够基于学习中的数据管理与分析任务进行自主或协作探究"。属于综合素质评价的内容要求。对应的学业要求为"搭建简单智能系统""了解人工智能的新进展、新应用，并能适当运用在学习和生活中""能客观认识智能技术对社会生活的影响"，主要培养学生学科核心素养水平 2 对应的计算思维和信息意识等具体内容。本单元主要核心概念界定为"人工智能"，主要是探究人工智能应用系统开发的基本流程及人工智能技术应用原理。

【主题学情分析】

通过必修模块和本模块的前期学习，学生具有一定的 Python 语言编程基础，对人工智能技术的基本原理有一定了解，同时也对各种人工智能技术应用的不同功能模块有很大的兴趣。通过对"校园智能停车场系统开发"主题的体验感悟和对具体项目的探究、实践，培养他们的计算思维，提升学生的人工智能核心素养，从而进一步激发学生深入学习人工智能技术的热情。

本单元学习对象是高二学生，很快就要经历高考，选择未来的专业，甚至考虑未来的职业。启发学生思考人工智能技术的发展对他们的影响，以及由此引发的各种问题，积极思考如何适应智能化社会。但他们存在以下学习障碍点。

大部分学生掌握人工智能技术的基本原理，但是他们对人工智能应用系统规划设计以及实现方法并没有深入而系统的理解。大部分学生能够很好地辨识人工智能技术，但在了解其背后的原理以及如何用它来解决问题方面存在欠缺，这部分内容比较复杂和抽象，需要引导他们逐步模块化处理。

二、素养导向的学习目标

本案例的引领性学习主题可以表述为"通过人工智能应用系统开发的项目活动，体验系统开发的基本流程，系统开发中人工智能应用技术的工作原理，提升利用数字化工具解决问题的能力"。以"信息意识"素养为例，在本单元中能针对复杂的信息问题进行需求分析，综合判断信息，确定解决问题路径；具备服务信息社会，为信息社会积极作贡献的意识。以"计算思维"素养为例，在单元中主要体现为针对不同模块，设计或选择合适的算法，利用编程语言或其他数字化工具实现各模块功能；利用适当的开发平台整合各模块功能，实现整体解决方案。以"数字化学习与创新"为例，在单元中主要体现在技术丰富的学习环境中，能有效评估多样化的数字化资源与工具对特定学习任务的价值。再以"信息社会责任"为例，在单元中主要体现在信息技术应用过程中，能运用一定的技术性策略保障信息安全；在信息活动中，认识信息技术具有两面性，带来积极作用的同时，也会带来一些负面影响。由此可以确定本案例中素养导向的单元学习目标，如表1所示。

表1　确定"校园智能停车场系统开发"单元学习目标示例

课标素养名称	单元学习目标	对应关系说明
A1 信息意识 B1 计算思维 C1 数字化学习与创新 D1 信息社会责任	目标a：能针对校园智能停车场系统进行需求分析，理解人工智能在生活中的重要作用（信息意识） 目标b：通过配置校园智能停车场系统开发环境，了解人工智能应用系统的开发工具和开发平台（计算思维） 目标c：理解图像识别对人工智能的意义，掌握图像识别的原理和技术，通过校园智能停车场系统实例体验图像识别技术在生活中的应用（计算思维） 目标d：通过编程实现校园智能停车场系统开发，了解图像识别的基本模型与实现原理，利用人工智能开发平台，搭建简单的图像识别应用模块（计算思维） 目标e：能运用一定的数字化学习策略获取计算机图像识别的相关资源、完成校园智能停车场系统规划设计（数字化学习与创新） 目标f：理解计算机图像识别的应用，感受人工智能对人们生活的影响，增强应用人工智能技术服务社会的责任感（信息社会责任）	目标a：A1 目标b：B1 目标c：B1 目标d：B1 目标e：C1 目标f：D1

上述单元学习目标体现了信息技术学科核心概念"人工智能"，蕴含了学科思想与方法"人工智能应用系统开发流程"，体现了"系统分析""系统设计""系统开发"的关键能力以及"人工智能对生活的影响"的育人价值。

二、挑战性学习活动

【设计依据与价值分析】

本单元围绕校园智能停车场系统开发的主题创设，适合学生认知特征的学习活动与真实情境。学习活动设计体现了学科核心概念与学科思想与方法的深化，能够引导学生深度参与项目开发，学生利用信息技术解决具体问题，形成项目作品，促进学生学科核心素养发展。挑战性学习活动通过设计任务群和问题链，引导学生在真实情境中经历一个完整的基于问题解决的项目开发过程。具体活动设计如表2所示：

表2　设计"校园智能停车场系统开发"单元学习活动示例

课时	活动	教学过程
第1课时	活动1	问题1：为了满足停车场智能化管理的需求，以实现停车场智能化管理为目标；观看有关智能停车场的视频；停车场应用了哪些人工智能技术 任务1：观看智能停车场系统视频，分析该系统应用的人工智能技术
	活动2	问题2：如果我们要开发校园智能停车场系统，需要具备哪些功能 任务2：对校园智能停车场系统进行需求分析
	活动3	问题3：如何实现校园智能停车场的功能 任务3：用思维导图进行校园智能停车场系统设计
第2课时	活动1	问题1：校园智能停车场系统开发需要准备哪些工具 任务1：根据校园停车场系统设计准备开发工具
	活动2	问题2：如何配置校园智能停车场系统开发环境 任务2：根据校园停车场系统设计需要安装开发工具并进行环境配置
第3课时	活动1	问题1：如何设计实现系统窗体的流程 任务1：设计通过Pygame模块实现系统窗体的流程
	活动2	问题2：如何编写程序实现校园智能停车场系统窗体的流程 任务2：探究编写程序调用Pygame库，设置窗体的名称图标、创建窗体实例并设置窗体的大小以及背景色，并通过循环实现窗体的显示与刷新
	活动3	问题3：如何实现显示摄像头画面功能的流程？ 任务4：设计通过Opencv-Python库显示摄像头画面的流程
	活动4	问题4：如何编写程序实现显示摄像头画面的流程 任务4：探究编写程序调用Opencv-Python库进行用摄像头拍照，创建摄像头实例，在循环中获取图片，并将图片绘制到系统窗体上

续表

课时	活动	教学过程
第4课时	活动1	问题1：如何实现创建保存数据文件功能的流程 任务1：设计使用 pandas 模块创建保存数据文件的流程
	活动2	问题2：如何编写程序实现创建保存数据文件的流程 任务2：探究调用 pandas 库用于数据处理，并判断表是否存在，如果不存在则需要建立表文件
第5课时	活动1	问题1：如何实现识别车牌功能的流程 任务1：设计通过百度的文字识别 AI 接口识别车牌的流程
	活动2	问题2：如何编写程序实现识别车牌的流程 任务2：探究调用百度 AI 接口识别文字，添加按钮进行控制，当车牌出现在摄像头中，通过单击按钮对车牌进行识别
第6课时	活动1	问题1：如何实现车辆信息的保存与读取功能的流程 任务1：设计使用 Panda 库实现车辆信息的保存与读取功能的流程
	活动2	问题2：如何编写程序实现车辆数据的保存与读取的流程 任务2：探究创建用于读取文件数据，显示到系统窗体上，判断停车场停满预警是星期几，在下个相同时间点提前进行停满预警提示；判断是否为本停车场车辆，从而对数据文件进行更新或添加新数据
第7课时	活动1	问题1：如何实现收入统计的流程 任务1：设计调用 Matplotlib 库实现收入统计的流程
	活动2	问题2：如何编写程序实现收入统计的流程 任务2：探究调用 Matplotlib 库，创建收入统计的按钮，点击按钮绘制收入统计柱状图以及总收入
第8课时	活动1	[分享与交流] 教师组织作品展示，各小组分享、欣赏、对比开发校园智能停车场系统程序，并互相点评，学习他人的优秀经验
	活动2	[总结与提升] 教师引导学生在分享交流中不断完善优化程序，进行创造性解决问题的探索

四、持续性学习评价

【评价内容与指标】

本案例中，学生对人工智能应用开发流程的理解是基础；基于此实现人工智能应用技术是关键；项目开发具有重要的方法价值；科学态度与社会责任是根本目标。基于这样的考虑，确定的评价内容和指标如表3。

表3 确定"校园智能停车场系统开发"单元学习评价内容和指标示例

评价内容	评价指标
核心概念及知识结构	1. 能否对人工智能应用进行系统设计； 2. 能否配置人工智能应用系统开发环境； 3. 能否实现人工智能应用系统的开发；
学科思想方法	4. 能否根据生活实际问题开发人工智能技术应用系统；
编程实践	5. 能否通过编程从图像识别方面实现具体人工智能技术的应用； 6. 能否以功能模块的形式逐步完善人工智能技术应用系统开发；
科学态度与社会责任	7. 主题是否明确，能否围绕项目"校园智能停车场"展开人工智能应用系统开发，信息系统是否可靠 8. 能否分析人工智能带来的安全问题并提出应对策略

【评价的方法】

在案例中基于活动的评价方法如表4所示：

表4 规划"校园智能停车场系统开发"单元学习评价方法示例

评价阶段	评价建议
第1课时	评价方式：网络测试、项目活动评价量表 评价要点：能针对校园智能停车场系统进行需求分析，理解人工智能在生活中的重要作用；在技术丰富的学习环境中，能有效评估多样化的数字化资源与工具对特定学习任务的价值；在信息活动中，认识信息技术具有两面性，带来积极作用的同时，也会带来一些负面影响
第2课时	评价方式：项目活动评价量表 评价要点：通过配置校园智能停车场系统开发环境，了解人工智能应用系统的开发工具和开发平台；在技术丰富的学习环境中，能有效评估多样化的数字化资源与工具对特定学习任务的价值；在信息活动中，认识信息技术具有两面性，带来积极作用的同时，也会带来一些负面影响。
第3—8课时	评价方式：项目活动评价量表 评价要点：理解图像识别对人工智能的意义，掌握图像识别的原理和技术，通过校园智能停车场系统实例体验图像识别技术在生活中的应用；通过编程实现校园智能停车场系统开发，了解图像识别的基本模型与实现原理，利用人工智能开发平台，搭建简单的图像识别应用模块；能运用一定的数字化学习策略获取计算机图像识别的相关资源、完成校园智能停车场系统规划设计；理解计算机图像识别的应用，感受人工智能对人们生活的影响，增强应用人工智能技术服务社会的责任感

五、开放性学习环境

本案例的学习环境设计如下：

（一）物理环境：

实验仪器：摄像头、台式电脑、网络

桌椅摆放：学生桌椅按四人一组摆放

展示工具：黑板、希沃白板

（二）开发工具准备：

Python 版本：Python3.7

开发工具：PyCharm

Python 内置模块：OS、time、datetime

第三方模块：pygame、opencv-python、pandas、matplotlib、baidu-aip、xlrd

六、反思性教学改进

【课中对学生表现与设计效果的反思】

人工智能教学需要注重培养学生的实践能力。人工智能教学不能仅仅停留在理论知识的传授，更需要通过实践项目来锻炼学生的动手能力。通过实践项目，学生可以将所学的知识应用到实际情境中，培养解决实际问题的能力。因此，在人工智能教学中，应该加强实践教学的环节，让学生能够亲身参与到项目中，实际操作和解决问题。

【课后对以往教学的反思】

人工智能教学需要注重培养学生的团队合作能力。人工智能是一门综合性的学科，需要不同领域的专业知识和技能的综合运用。因此，培养学生的团队合作能力是非常重要的。通过小组合作的方式，让学生在项目中分工合作，相互协作，共同完成任务。不仅可以提高学生的学习效果，还可以培养学生的沟通能力、合作能力和领导能力。人工智能教学需要注重培养学生的创新思维。人工智能一个创新性的领域，需要学生具备创新思维和创新能力。因此，在人工智能教学中，应该注重培养学生的思维能力和创新意识。通过开展创新性的项目和任务，激发学生的创新潜能，培养学生的创新思维和解决问题的能力。同时，教师也应该提供良好的创新环境和资源，引导学生能客观认识人工智能技术对生活的影响。

案例九　智能小车设计与制作

一、引领性学习主题

本案例的引领性学习主题可以表述为"设计基于开源硬件的作品开发方案，选择恰当的开源硬件，利用开源硬件、相关组件与材料，完成作品制作，优化、完善项目作品的设计方案，践行开源与知识分享的精神，理解保护知识产权的意义"。本单元涉及基于开源硬件的系统开发和作品数据的采集、处理、输出和调控，依据学科大概念"数据、算法、信息系统、信息社会"，本单元主要核心概念界定为"信息系统""数据"，主要是探究以信息系统为基础的开源硬件的设计及制作，属于为学生个性化发展而设计的内容，主要培养学生学科核心素养水平 2 对应的计算思维和信息社会责任具体内容。

【主题知识结构】

根据对本单元《课程标准》的分析，提炼其关键内容，结合教材的具体内容，本单元要求学生需要从一个开源产品设计师的角度出发，完整经历作品设计、功能实现和迭代优化的过程，如下图所示。

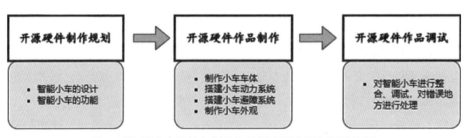

图1　"智能小车设计与制作"单元学习主题知识结构图

【课标要求与内容价值】

本单元属于高中信息技术选择性必修模块 6 "开源硬件项目设计"，对应《课程标准》的 6.5、6.6、6.7、6.8，具体为"设计基于开源硬件的作品开发方案，选择恰当的开源硬件，利用开源硬件、相关组件与材料，完成作品制作。利用开源硬件的设计工具或编程语言，实现作品的各种功能模块。测试、运行作品的数据采集、运算处理、数据输出、调控执行等各项功能，优化、完善项目作品的设计方案，践行开源与知识分享的精神，理解保护知识产权的意义"。本单元涉及的学业质量对应水平 2 "认识信息系统对人们生活、工作与学习的重要性，通过构建简单的信息系统，知道信息系统的组成与功能"。本单元对应的学业要求为"知道基于开源硬件进行项目设计的一般流程，能将其应用在实际项目中，根据事物的特点进行一定的抽象，设计符合事物特性的系统；能利用各种材料、开源硬件与软件实现所设计的项目方案，能利用开源设计工具、编程语言实现外部数据的输入、处理，利用输出数据驱动执行装置的运行"。

【主题学情分析】

学生已经学习了程序设计的基本知识，能针对问题编写简单程序来解决，对编程语言具有一定的认识和掌握，有一定的编程经验。

选修本模块的学生对开源硬件有一定的兴趣爱好并有个性化的想法，希望在相关技术的支持下将创意转变为现实。本单元以"智能小车"为主题，开展探究和创新活动，促进学生形成以信息技术学科方法观察事物和求解问题的能力，提升计算思维水平。

在本单元中，学生需要在完成"智能小车"基础性功能设计的前提下，继续完成教师提出的开放性学习任务，提出本小组的个性化功能需求，完善作品个性化设计方案，并能恰当运用开源硬件和软件工具实现开源硬件项目的功能开发，懂得利用多种材料或工具设计、制作作品外观，实现个性化的发展目标。

学生存在的学习障碍点是学生平时对开源硬件接触不多，对开源硬件作品的设计与制作经验较少，学生跨学科融合实践能力不足，容易产生迷茫和畏难情绪。

开源硬件项目来源于真实情境中的实际问题，需要学生主动思考和实践，能较大限度地培养学生运用跨学科（信息、科学、数学、物理、工程、人文艺术等）知识与技能解决问题的能力。在观察到学生产生畏难情绪后，教师需要及时给予学生有效的资源支持和策略支持，发挥小组合作的优势，营造轻松、开放的作品制作氛围。

二、素养导向的学习目标

本案例的引领性学习主题表述为"设计基于开源硬件的作品开发方案，选择恰当的开源硬件，利用开源硬件、相关组件与材料，完成作品制作、优化、完善项目作品的设计方案，践行开源与知识分享的精神，理解保护知识产权的意义"。从本学科核心素养角度出发，确定本案例的单元学习目标，如表 1 所示。

表 1　确定"智能小车设计与制作"单元学习目标示例

课标素养名称	单元学习目标	对应关系说明
A1 信息意识 B1 计算思维 C1 数字化学习与创新 D1 信息社会责任	目标 a：通过"智能小车"设计，学会设计基于开源硬件的作品方案，学会描述作品各组成部分及其功能作用，分析作品功能实现的逻辑关系 目标 b：通过分析"智能小车"功能，提高恰当选择相应的开源硬件和材料的能力，巩固各种元器件的电路连接和使用方法 目标 c：通过"智能小车"功能开发，掌握综合利用编程语言实现作品的各部分功能的过程与方法 目标 d：通过"智能小车"作品的制作，掌握开源硬件作品的设计与制作流程 目标 e：通过"智能小车"调试数据采集、处理、输出和调控，掌握常用的调试、排错和迭代完善的过程和技巧 目标 f：通过"智能小车"作品交流与评价，践行开源与知识分享的精神，理解保护知识产权的意义	目标 a：A1 目标 b：B1 目标 c：A1 C1 目标 d：B1 C1 目标 e：A1 B1 目标 f：A1 D1

上述单元学习目标 a、b、c 基于信息系统的开源硬件作品的知识与技能，结合"智能小车"展开作品设计、功能实现的实践；单元目标 d 开源硬件作品开发与制作的过程与方法，构建学生整体视角下的知识结构，通过小组的分工与合作进行探究性学习；目标 e 学生计算思维的提升；目标 f 育人价值，引导学生理解并自觉践行开源的理念与知识分享的精神。

三、挑战性学习活动

【设计依据与价值分析】

本案例的挑战性学习任务是利用开源硬件制作一辆"智能小车"。通过

"智能小车"为主题开展项目活动，引导学生开展基于开源硬件的项目制作学习，亲历项目从创意、设计到实现的完整过程，完善项目作品的设计方案，梳理项目关键过程和步骤，完成项目的制作学习，并在学习中践行开源与分享精神，理解开源知识产权保护的价值。

情境：随着汽车工业的迅速发展，关于智能汽车的研究越来越受到关注。本单元中，学生经历"智能小车"各项功能的探究学习，小组协作，完成开源硬件作品智能小车的设计与制作。

问题："智能小车"的功能如何实现？需要使用几个电机驱动小车？怎样选取合适的传感器实现避障功能？能否尝试用编程语言实现各种功能模块？如何优化、完善项目作品的设计方案？如何践行开源与分享精神？如何正确理解开源知识产权保护的价值？

活动：设计"智能小车"方案；探究小车制作；探究编程实现"智能小车"行走、避障等功能，完善、优化设计"智能小车"方案；交流展示作品，践行开源与分享精神。

结合单元主题，依据课标中模块内容要求和学科特征，学生需要经历"提出问题，设计方案""硬件搭建，编程实现功能""测试运行，完善功能""分享作品"几个学习过程，完成"智能小车"的项目设计与制作，本单元规划为10课时。具体活动设计如表2所示。

表2 设计"智能小车设计与制作"单元学习活动示例

课时	活动	教学过程
第1课时	活动1	[提出项目背景] 观看"无人驾驶"视频，师生探讨为实现"智能小车"设计，应具备什么基础功能和个性化功能？将结果以思维导图的方式呈现
	活动2	[讨论项目硬件和软件设计] 小组针对小车功能进行剖解分析，收集对应功能所需硬件清单，分析其实现逻辑并画出相应流程图
	活动3	[设计项目方案] 教师提供"智能小车"设计与制作模板，小组将讨论结果写进设计方案教师抽选个别方案进行点评

续表

课时	活动	教学过程
第2课时	活动1	[设计车体] 教师提出基本车体应由车架部分、动力装置和控制装置构成。学生设计小车的车体布局，根据小组项目设计的方案选用基本车架或者自行设计车架。教师提醒学生在设计布局时要为个性化功能和外观留下合适的空间
	活动2	[安装车体] 小组观看"智能小车安装"微课，按设计布局完成车体等的安装 教师协助安装进度较慢的小组并抽选个别车体进行展示点评
第3课时	活动1	[搭建动力电路] （1）教师提出问题：电源直联马达的方式无法实现灵活控制马达行进方向和速度，无法满足项目要求，如何解决？引入马达驱动板的相关介绍 （2）小组观看微课，探究马达驱动板的功能和接线方法，选择马达驱动板及配件搭建小车行走电路 （3）教师提供正确的电路连接示意图，分析学生搭建存在的错误做法
	活动2	[设计小车动力算法] 小组探究小车行走的原理和过程 小组完成"小车前进1秒钟后倒退1秒钟"的算法流程图设计
	活动3	[应用实践] （1）小组利用 Arduino 完成"小车前进1秒钟后倒退1秒钟"的功能 （2）小组设计"小车左转、右转、停止及速度控制"的算法流程图，并利用 Arduino 实现功能
第4课时	活动1	[搭建避障电路] 教师提出问题：我们能否让小车感知周围的环境，并且在遇到前方障碍物时能够智能停车呢？引出新课：利用常见的避障传感器实现避障功能 （1）教师介绍避障传感器的工作原理和使用方法 （2）小组画出避障电路图，并搭建避障电路
	活动2	[原理探究和编程实现] （1）小组设计"小车避障"的算法流程图 （2）小组利用 Arduino 实现"小车避障"功能 （3）小组代表展示"小车避障"效果，教师点评
	活动3	[拓展实践] （1）小组自主探究利用串口获取传感器数据的方法 （2）小组尝试使用串口工具采集避障传感器的实时数据

续表

课时	活动	教学过程
第5—6课时	活动1	[搭建个性化功能电路] 小组根据设计方案中的个性化功能设计，自主学习相关"传感器和执行器"微课 小组讨论出个性化功能的实现思路 小组画出个性化功能实现的电路图，选用合适的硬件来搭建电路 教师指出电路故障排查的方法，协助小组完成电路的搭建
	活动2	[原理探究、编程和功能实现] 小组设计"小车个性化功能"的算法流程图，并利用 Arduino 实现功能 教师针对小组设计过程中存在的问题给予个性化指导；鼓励学有余力的小组设计新的个性化功能 小组展示"小车个性化功能"效果
第7—8课时	活动1	[设计外观] （1）教师分享部分优秀外观设计图或实际效果图 （2）教师分析外观设计的要素与方法 （3）小组根据作品主题设计出智能小车的外观，撰写外观创意说明文档
	活动2	[制作外观] 小组学习"热熔胶枪使用""美工刀使用""锯子使用"等微课 教师指出工具使用的安全规范 小组运用不同的材料和色彩，为"智能小车"制作个性化的外观，部分小组尝试使用 3D 打印机、激光切割机等设备制作外观
	活动3	[整合整车] 小组在车体上安装外观 小组整合"智能小车"并进行调试，评估外观是否契合小车功能的运行，并分析和解决存在的问题
第9课时	活动1	[完善与测试] 各小组对本组作品进行整合、调试，对错误地方进行处理 学有余力的小组进行作品的优化迭代 补充、完善作品设计文档中的相关资料
	活动2	[制作分享资源] 小组制作本组作品的交流 PPT 学生进行阶段性总结，评价和反思自己在"智能小车"项目开发中的学习行为
第10课时	活动1	[分享与交流] 教师组织作品分享会，各小组分享、欣赏、对比开源硬件作品，并互相点评，学习他人的优秀经验
	活动2	[总结与提升] 教师引导学生在分享交流中践行开源共享精神，进行项目反思与展望

四、持续性学习评价

【评价内容与指标】

本案例中，学生对以信息系统为基础的开源硬件项目的设计与制作是基础；以计算机能够处理的方式界定和解决问题是关键；实践是检验学习成果的重要途径，需要掌握一定的方法技巧；科学态度与社会责任是根本目标。因此，确定的评价内容和指标如表1。

表3　确定"智能小车设计与制作"单元学习评价内容和指标示例

评价内容	评价指标
核心概念及知识结构	1. 能否知道开源硬件作品的开发流程 2. 能否了解项目中传感数据、运行数据等数据的获取、甄别、组织和分析方法
变化观念	3. 能否采用计算机处理的方式界定问题、设计方案、制作流程图，形成合理算法
实践技巧	4. 能否合理选择恰当的数字化工具与资源开展学习、解决问题 5. 能否知道常用的调试、排错和迭代完善的过程和技巧
科学态度与社会责任	6. 能否发现他人作品优点和自我反思，优化、迁移经验 7. 能否利用开源硬件制作作品解决生活中的一些问题

【评价的方法】

在案例中基于活动的评价方法如表2所示。

表4　规划"智能小车设计与制作"单元学习评价方法示例

评价阶段	评价建议
第1课时	评价方式：以过程性评价为主，主要由教师进行课堂观察评价并对项目活动进行检查 评价要点：在课堂学习中，学生是否积极参与思考与讨论，踊跃交流和表达观点；能否结合"无人驾驶"视频设计"智能小车"的基础功能和个性化功能 能否根据实际问题确定合适的信息获取策略；能否描述智能小车各组成部分及功能作用；能否用流程图和表格描述功能的流程和逻辑关系
第2-9课时	评价方式：通过教师评价和学生自评的方式，对学习过程、功能开发和外观的制作进行评价 评价要点：在课堂学习中，学生的学习态度是否端正，能否根据方案设计，获取并筛选实现相应功能的相关信息和资源；能否明确实现特定功能的硬件选择、电路搭建和编程方法；能否合理选择恰当的数字化工具与资源，帮助功能的顺利实现；遇到故障或未知问题时，能否结合数据分析情况，找到解决问题的方法，测试完善"智能小车"

续表

评价阶段	评价建议
第 10 课时	评价方式：通过教师评价和学生互评的方式，对学习过程和项目作品进行评价 评价要点：在课堂学习中，学生是否积极思考，主动构建新知识；能否选择合适的信息交流方式展示作品制作的过程、方法与心得；能否合理评价自身和他人的作品，进行项目总结和升华。在项目活动中，是否能结合实际需要，完善作品，实现项目的基本功能

五、开放性学习环境

本案例的学习环境设计如下：

（一）物理环境：

实验仪器：台式电脑、开源硬件（Arduino 控制板、小车车体、各类传感器和执行器、配件）及相关工具（螺丝刀、热熔器、剪刀等）、收纳盒等

桌椅摆放：学生桌椅摆放为二人一组

展示工具：黑板、多媒体设备

（二）虚拟环境：

学习支撑、反馈系统：极域、易学课堂辅助系统、问卷星

学生学习资源：微课视频、学案、硬件使用文档、课件

学生机实验环境：安装思维导图、Mixly、Arduino IDE、Fritzing、Laser Maker、3D one 等软件的计算机系统

六、反思性教学改进

【课前对以往教学的反思】

"开源硬件项目设计"是新课程新课标首次出现的一个新模块，近几年随着创客文化的传播，开源硬件也随之备受关注，能更容易地实现人们的创意，是创客们常用的工具之一。在以往的项目作品设计制作过程中，学生们更注重根据要求完成项目的制作，教师在设计教学的时候，通常也是以任务为导向，以知识技能的学习为目的，重视程序的识记和编写，让学生按部就

班地完成任务，用任务的完成度来考查学生的掌握情况，忽略了学生的自主创新能力，没有预留充分的空间和时间供学生发散和创造。

因此，本单元希望从以下几个方面进行改进：

（1）项目来源于真实世界中复杂的、非良构的问题，调动学生围绕问题进行联系、思考、讨论，体验知识的社会性建构，理解知识与技能应用的价值意义，形成实用主义价值观。

（2）让学生体验探究和创新的学习过程，构建整体视角的知识体系结构。在项目的设计和制作过程中，教师提供丰富的自主学习资源和充足的硬件资源，预留充分的时间和空间，支持学生实现个性化探究和创新；鼓励学生采取自主学习和小组合作学习的方式，采用计算机能够处理的方式界定问题、设计方案，运用思维导图理清思路，形成合理算法，综合运用各类工具，进行跨学科融合创新实践并解决问题。

（3）注重成果的分享和交流，做好反思性自评和互评。在项目制作完成后，学生需要制作汇报材料，对主要过程、成果和不足进行交流分享，鼓励学生养成经常性的观察他人作品优点和自我反思的习惯，优化问题解决的方式，并学会将其迁移到与之相关的问题解决中。

【课中对学生表现与设计效果的反思】

（1）在项目的设计和制作过程中，发现有个别小组和学生对小组学习的合作方式不适应，在独立思考和表达个人想法上存在不足，小组合作不协调没有形成合力，对项目制作的流程不清晰，因此，在项目的进度上和质量上与其他小组存在差距。同时，也有个别小组和学生没有养成收纳、整理零件的习惯。教师需要多关注课堂中存在的问题，提供相关的资源和工具帮助学生进行调整。

（2）学生对个性化功能和外观的实现表现出较浓厚的兴趣，大部分小组进行了热烈的讨论，动手的热情也很高涨，有一些小组甚至提出了天马行空的想法。教师需要努力营造良好的、开放的环境，激发学生的创造力，引导学生进行思辨和批判，使其想法通过合适的方式得以实现。

（3）在展示交流环节，学生在进行小组汇报时，对项目设计和实施过程中的表述较为简单，对于出现的现象和问题缺少深入地挖掘和思考，有个别小组较注重 PPT 展示的新奇效果，但展示的内容不够全面。展示交流环节是项目的总结阶段，在分享与聆听中，通过观察他人解决问题的思路和过程，反思自身的不足，提高自我水平。

【课后对以往教学的反思】

（1）开源硬件项目的设计与制作，主要是探究小型信息系统的设计与制作。在本单元的教学中，强化引导学生查阅和理解相应功能的实现原理、分析功能逻辑、画流程图等环节，帮助学生快速理清思路，合理组织数据，形成合理的算法解决问题。在展示环节，教师也需要进一步引导学生观察和反思，强化学生总结反思、迁移经验的思维习惯。

（2）出于开源硬件项目涉及面广、工具多、跨学科等特点的考虑，同时也是照顾学生的个性化学习需求，本单元都采用了微课导学的方式，对一些不易书面化的过程性操作和一些重要步骤进行微课精讲，能较好地帮助学生突破难点，更好地进行小组分工，保障项目的实践进度，引导学生发展跨学科创新融合实践和数字化学习与创新的能力。在开源硬件项目的设计与制作中，采用微课导学的效果突出，教师可以继续深入地精选资源，优化效果，在类似的教学实践项目中也可以采用微课导学。

参考文献

[1] 何玲，黎加厚 . 促进学生深度学习 [J]. 现代教学，2005，（05）：29–30.

[2] 郭华 . 深度学习及其意义 [J]. 课程 . 教材 . 教法，2016，36（11）：25–32. DOI：10.19877/j.cnki.kcjcjf. 2016.11. 005.

[3] 刘宏福 . 指向深度学习的高中思想政治课单元教学设计思路 [J]. 现代教学，2018（12）：29–33 +43.

[4] 陈锋，李红燕 . 指向深度学习的单元教学设计范式研究——以科学概念学习为例 [J]. 教育参考，2019（04）：72–78.

[5] 谢宵元 . 指向深度学习的高中物理单元教学设计及实践研究 [D]. 贵州师范大学，2020. DOI：10. 27048 /d. cnki.ggzsu.2020.000514.

[6] 卢明 . 基于 "深度学习" 的高中数学单元教学设计 [J]. 中学教研(数学)，2020（02）：1–5.

[7] 刘恩娟，牛静，邱莉 . 基于深度学习的单元教学设计——Micro：bit 助力科技冬奥 [J]. 中小学信息技术教育，2021（S2）：87–90.

[8] 黄建地 . 基于深度学习理念的高中思想政治大单元教学设计 [J]. 福建教育学院学报，2021，22（11）：36–37.

[9] 宋月 . 基于深度学习的初中化学单元教学设计研究 [D]. 沈阳师范大学，2021.DOI：10.27328 /d. cnki.gshsc. 2021.000945.

[10] 钟启泉 . 单元设计：理据、目标、课题 [J]. 基础教育课程，2017（21）：86–87.

附　录

附录A　高中信息技术学业水平质量考试

一、单选题（共30题，每题2分）

1. 血压计显示的读数是 120/80mmHg，120 和 80 是（　　）。

A. 数据　　　　　　B. 信息　　　　　　C. 知识　　　　　　D. 智慧

参考答案：A

2. 下列对数据、信息和知识描述正确的是（　　）。

A. 信息是数据的载体

B. 过时的数据没有任何价值

C. 信息经过提炼和归纳后，可以转化为知识

D. 数据是经过加工处理的具有意义的数学符号

参考答案：C

3. 电子表格中要快速统计学校艺术节各班比赛得分的总和，最合适的操作是（　　）

	A	B	C	D
1	班别	项目	奖项	得分
2	高一（2）	合唱	一等奖	10
3	高一（6）	舞蹈	一等奖	10
4	高一（1）	朗诵	一等奖	10
5	高一（2）	摄影	一等奖	5
6	高二（3）	书法	一等奖	5
7	高一（4）	合唱	二等奖	8
8	高二（3）	舞蹈	二等奖	8
9	高二（4）	朗诵	二等奖	8
10	高一（1）	摄影	二等奖	3
11	高一（2）	书法	二等奖	3
12	高二（3）	合唱	三等奖	5
13	高一（1）	舞蹈	三等奖	5
14	高一（4）	朗诵	三等奖	5
15	高一（1）	合唱	三等奖	5
16	高二（6）	舞蹈	三等奖	5
17	高一（1）	朗诵	三等奖	5
18	高二（2）	摄影	三等奖	1
19	高二（3）	书法	三等奖	1
20	高二（6）	摄影	三等奖	1
21	高二（3）	书法	三等奖	1

A. 筛选　　　　　B. 分类汇总　　　C. 排序　　　　　　D. 填充

参考答案：B

4. 如图所示：第五届世界互联网大会报告的词云图，下列说法错误的是（　　　）。

A. 词云图需对文本进行分词才能生成

B. 词云图通常使用字体的大小表示关键词出现频率的高低

C. 该词云图显示，"发展"比"乌镇"出现的频率高

D. 词云图是关键词出现频率的数据可视化表达方式

参考答案：C

6. "水仙花数"是指一个三位正整数的各位数字的立方和等于该数本身，例如 153 是水仙花数，$153 = 1^3 + 5^3 + 3^3$，可选用（　　　）编写程序找出所有的水仙花数。

A. 冒泡排序法　　　B. 排序法　　　　C. 递归法　　　　　D. 枚举法

参考答案：D

7. 根据下面流程图，如果输入 a、b、c 的值分别为 10、70、88 时，则输出的结果是（　　　）。

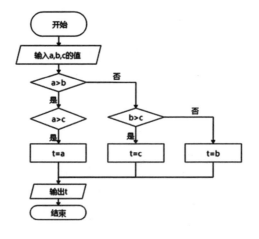

A.10　　　　　B.70　　　　　C.88　　　　　D.T

参考答案：B

8.智能机器人与人对话交流使用的人工智能关键技术是（　　）。

A.语音识别　　　B.人机博弈　　　C.声音加工　　　D.虚拟现实

参考答案：A

9.声音数字化经过采样、量化和编码三个过程。其中将信号波形的纵轴划分为若干区间，并对落到区间的采样点取值，这属于声音数字化（　　）的过程。

A.采样　　　　　B.编码　　　　　C.量化　　　　　D.采集

参考答案：C

10.下列Python程序，输出结果是（　　）。

x=15

y=4

x=x//y

print（x）

A. 3　　　　　B. 1　　　　　C. 3.75　　　　　D. X

参考答案：A

11.下列流程图属于循环结构的是（　　）。

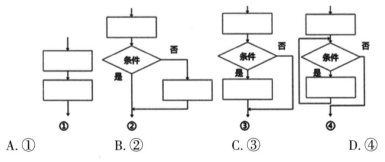

A.①　　　　　B.②　　　　　C.③　　　　　D.④

参考答案：D

12.下列关于数据分析说法错误的是（　　）。

A.横向对比是将相同事物的不同时期进行比较

B. 可以根据分析目标选择恰当的分析方法

C. 数据分析可以验证假设是否正确

D. 对比分析有横向对比和纵向对比

参考答案：A

13. 下列对信息特征理解正确的是（　　　）。

A. 信息可以不依附载体而单独存在

B. "增兵减灶"体现了信息的时效性

C. 手机共享实时位置体现了信息的共享性

D. 信息的价值不会因时间的推移而发生改变

参考答案：C

14. 下列属于人工智能应用的是（　　　）。

A. 红外线测温

B. 根据环境光线强弱自动调节屏幕亮度

C. 使用人脸识别解锁手机屏幕

D. 屏幕截图

参考答案：C

15. 下列设置密码的方法，较为安全的是（　　　）。

A. 用数字设置密码

B. 用字母、数字和特殊符号组合设置密码

C. 用字母设置密码

D. 用数字和字母组合设置密码

参考答案：B

16. 下列说法中错误的是（　　　）。

A. 应用计算机仿真技术可以模拟现实中出现的情况，便于验证各种科学假设

B. 信息技术带动了新能源开发等技术的发展

C. 信息技术促进了新兴学科和交叉学科的产生与发展

D.信息技术发展使科技与人文越来越分离

标准答案：D

17.在信息系统中，信息处理是通过加工和处理（　　　）实现的。

A.人　　　　　　　B.数据　　　　　　C.通信方式　　　　D.硬件 / 软件

标准答案：B

18.图书管理信息系统可以借书、还书、分类统计藏书数据，这主要体现了信息系统的（　　　）。

A.存储功能　　　　B.处理功能　　　　C.输入功能　　　　D.输出功能

标准答案：B

19.下列不属于应用软件的是（　　　）。

A.文本处理软件　　　　　　　　B.即时通信软件

C.操作系统　　　　　　　　　　D.电子表格软件

标准答案：C

20.下列不属于输入设备的是（　　　）。

A.鼠标　　　　　　B.扫描仪　　　　　C.键盘　　　　　　D.打印机

标准答案：D

21.人类依靠视觉、听觉、嗅觉、触觉感知周围环境，而信息系统通过（　　　）感知周围环境。

A.语音识别　　　　B.网络　　　　　　C.传感器　　　　　D.图像处理

标准答案：C

22.在物联网的体系结构模型中，（　　　）也称为"传输层"，相当于人的神经系统。

A.应用层　　　　　B.感知层　　　　　C.网络层　　　　　D.物理层

标准答案：C

23.下列关于学校图书管理信息系统设计描述错误的是（　　　）。

A.可以设计"学生登录"模块，通过输入"账号"和"密码"来确认用户的身份和权限

B. 可以根据需要设计"借阅管理"和"归还管理"等模块

C. 可以设计"图书管理"模块，实现图书信息的录入和修改

D. 不需要进行可行性分析

标准答案：D

24. 网络的带宽为 100Mb/s，理论上下载文件的最高速度为（　　　）。

A. 100MB/s　　　　　B. 50MB/s　　　　　C. 25MB/s　　　　　D. 12.5MB/s

标准答案：D

25. IPv4 地址是由（　　　）位二进制数组成。

A. 16　　　　　　　B. 32　　　　　　　C. 64　　　　　　　D. 128

标准答案：B

26. 某台电脑的 TCP/IP 属性设置情况如图所示，如果该电脑需连接网络打印机，一般可以分配给网络打印机使用的 IP 地址是（　　　）。

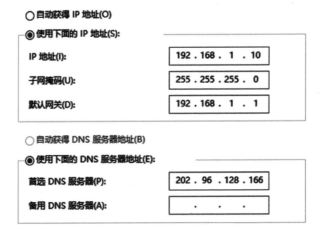

A. 192.168.1.11　　　B. 192.168.1.10　　　C. 192.168.1.1　　　D. 192.168.2.1

标准答案：A

27. 下列关于版权描述错误的是（　　　）。

A. 复制他人受版权保护的作品，擅自公开发布到网络上是违法的

B. 在出版物中引用受版权保护的作品时，不用标明作者姓名及作品名称

C. 保护版权的主要目的是鼓励人们创新

D. 计算机软件是享有版权保护的作品

标准答案：B

28. 下列行为中容易导致个人信息泄露的是（　　　）。

A. 不在公共计算机上登录网银

B. 离开公共计算机前退出已登录的账户，并清除计算机中的 cookie

C. 随意在各网站注册会员以获取新会员礼包

D. 对个人计算机设置密码

标准答案：C

29. 在信息系统安全管理中属于实时监测阶段的行为是（　　　）。

A. 加密传输　　　　B. 安装防火墙　　　　C. 病毒监控　　　　D. 补丁更新

标准答案：C

30. 下列"数字脚印"可能泄露个人隐私的是（　　　）。

①浏览记录　②搜索历史　③社交软件里分享的自拍、定位　④在线购物消费

A. ①②③④　　　　B. ①②③　　　　C. ②③④　　　　D. ①②④

标准答案：A

二、判断题（共5题，每题2分）

31. ASCII 码和 Unicode 是两种文本编码方案。

参考答案：正确

32. 汇编语言由二进制的0、1代码指令构成，能被计算机直接识别。

参考答案：错误

33. 人们经常使用的智能手机、平板电脑、可穿戴设备等均属于移动终端。

标准答案：正确

34. 智能家居控制系统可以通过温度传感器获得室内实时温度。

标准答案：正确

35. 在互联网上制造或传播谣言是违法行为。

标准答案：正确

三、综合应用题（共3题，共30分）

36. 某校在计算机室组建一个无线局域网。请根据图1、图2回答下列问题。

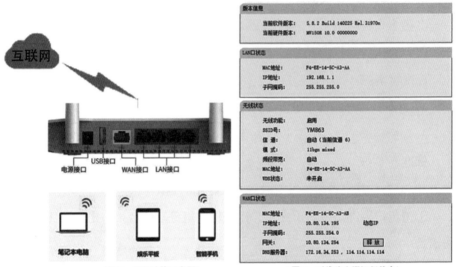

（图1：网络连接示意图）　　　　（图2：无线路由器运行状态）

（1）根据图1所示，可以用网线将计算机连接到无线路由器的 _____ 接口来配置无线路由器。

标准答案：LAN

（2）根据图2所示，可以将计算机IP地址设置为（　　），在浏览器的地址栏输入此路由器的管理IP地址，输入管理员账号和密码登录后台，配置无线路由器。

A. 192.168.1.1　　　　　　　　B. 192.168.1.101

C. 192.168.2.1　　　　　　　　D. 10.80.134.195

标准答案：B

（3）根据图2所示，该无线网络的名称是 _____。

标准答案：YM863

（4）如果要为该无线网络设置连接密码，比较安全可靠的是（　　）。

A. 12345678　　　　　　　　　B. abcdefgh

C. abcd1234　　　　　　　　D. gzs@020A

标准答案：D

37. 某地区出租车计费标准如下（假定行程为 x 公里，计费单位为元）：

当 x ≤ 3 时，计费为 12；

当 3<x ≤ 25 时，计费为 12+（x–3）×2.6；

当 x>25 时，计费为 12+22×2.6+（x–25）×3；

修改程序实现输入出租车行驶里程数，输出需支付的费用（四舍五入到整数）。

操作提示：打开文件夹中的"P1.py"文件，删除代码中的"①②③"并在对应的位置填写正确的代码，实现上述功能，调试完成后保存"P1.py"文件。

```
# 注释：以下为"P1.py"的代码，请不要删除①、②和③以外的任何代码。
x = float［input（"输入里程数："）］
if x <=3 :
    ①
elif 3 < x <= 25 :
    y = 12+（x–3）×2.6
②:
    y = 12+22×2.6+（x–25）×3
# 输出应付的车费，round（）为四舍五入函数
print［"应付", round（③）,"元"］
```

参考答案：

① y=12

② else

③ y

38. 在 8×8 的棋盘里，假如在第一个格子里放 1 粒米，第二个格子里放 2 粒米，第三个格子里放 4 粒米，第四个格子里放 8 粒米，以此类推。编写

程序，计算第 n 个格子要放多少粒米?

操作提示：打开文件夹中的"P2.py"文件，编写代码，实现上述功能，调试完成后保存"P2.py"文件。

请输入n:3
粒数为：4

测试数据

第一组：输入：10，输出 512

第二组：输入：20，输出 524288

第三组：输入：32，输出 2147483648

参考答案：

```
n=int(input("请输入n:"))
m=2**(n-1)
print("粒数为:",m)
```

附录 B　高中生持续性评价实践效果问卷

亲爱的同学：你好！

　　首先感谢你协助完成此份问卷。本问卷是一项论文调查研究，目的在于探讨高中信息技术持续性评价对深度学习的影响，研究成果可以为学校科学全面评价学生提供建议。本问卷不记名，你的客观回答将为我们的研究提供非常重要的资料。以下内容没有"对"和"错"之分，请你根据实际情况和自己的想法进行填写。感谢你的参与和配合。

　　1. 我愿意继续使用这种评价方式

　　A. 非常同意　　B. 基本同意　　C. 同意　　D. 有些不同意　　E. 非常不同意

　　2. 通过评价的实施，有助于培养我的信息共享意识

　　A. 非常同意　　B. 基本同意　　C. 同意　　D. 有些不同意　　E. 非常不同意

　　3. 通过评价的实施，能提高我学习的自信心

　　A. 非常同意　　B. 基本同意　　C. 同意　　D. 有些不同意　　E. 非常不同意

　　4. 通过评价的实施，逐渐缓解了我对评价的恐惧心理

　　A. 非常同意　　B. 基本同意　　C. 同意　　D. 有些不同意　　E. 非常不同意

　　5. 我能独立完成老师布置的任务

　　A. 非常同意　　B. 基本同意　　C. 同意　　D. 有些不同意　　E. 非常不同意

　　6. 我能公正、客观地对自己和同学的作品进行评价

　　A. 非常同意　　B. 基本同意　　C. 同意　　D. 有些不同意　　E. 非常不同意

　　7. 我能对他人的疑问给予详细的解释说明

　　A. 非常同意　　B. 基本同意　　C. 同意　　D. 有些不同意　　E. 非常不同意

　　8. 我能准确清晰地表达自己的想法

　　A. 非常同意　　B. 基本同意　　C. 同意　　D. 有些不同意　　E. 非常不同意

9. 每次的学习活动我都积极参加、踊跃表现

A. 非常同意　　B. 基本同意　　C. 同意　　D. 有些不同意　　E. 非常不同意

10. 喜欢参与教师组织的自评和互评

A. 非常同意　　B. 基本同意　　C. 同意　　D. 有些不同意　　E. 非常不同意

11. 喜欢在平台上分享自己的学习方法

A. 非常同意　　B. 基本同意　　C. 同意　　D. 有些不同意　　E. 非常不同意

12. 喜欢在课堂中发言、提问、参与讨论

A. 非常同意　　B. 基本同意　　C. 同意　　D. 有些不同意　　E. 非常不同意

13. 我能根据老师的要求完成任务

A. 非常同意　　B. 基本同意　　C. 同意　　D. 有些不同意　　E. 非常不同意

14. 我能熟练使用多种方法搜集需要的信息

A. 非常同意　　B. 基本同意　　C. 同意　　D. 有些不同意　　E. 非常不同意

15. 我能很好地对收集的信息筛选、整理

A. 非常同意　　B. 基本同意　　C. 同意　　D. 有些不同意　　E. 非常不同意

16. 我可以根据教学目标制定适合自己的学习计划

A. 非常同意　　B. 基本同意　　C. 同意　　D. 有些不同意　　E. 非常不同意

17. 小组活动中我能有效完成自己的任务

A. 非常同意　　B. 基本同意　　C. 同意　　D. 有些不同意　　E. 非常不同意

18. 我能够从不同的角度提出问题，并考虑解决问题的办法

A. 非常同意　　B. 基本同意　　C. 同意　　D. 有些不同意　　E. 非常不同意

19. 我经常反思教师和同伴的评语并提出改进计划

A. 非常同意　　B. 基本同意　　C. 同意　　D. 有些不同意　　E. 非常不同意

20. 我经常寻找不能很好完成作业的原因

A. 非常同意　　B. 基本同意　　C. 同意　　D. 有些不同意　　E. 非常不同意

21. 我经常寻找自己在课堂中表现不佳的原因

A. 非常同意　　B. 基本同意　　C. 同意　　D. 有些不同意　　E. 非常不同意

22. 我经常反思自己的学习方法是否恰当

A. 非常同意　　B. 基本同意　　C. 同意　　D. 有些不同意　　E. 非常不同意

附录 C　深度学习单元教学课堂观察表

执教者		课题名称					执教日期与节次		
任教班级		课的类型							
		随堂	公开	考核	实验	调研			
一级指标	二级指标	说明					优	良	中	差	总分
学生表现（70分）	参与度	自觉先学	自主预习效果良好，高质量完成"导学案"或"知识清单"（10分）								
		有效合作	课堂合作学习有组织、有机制、有展示、有评价，参与率高；基础性问题在合作学习中基本解决（10分）								
		踊跃展示	积极主动、形式多样地回答问题或展示课堂训练，回答问题声音响亮，质量较高（10分）								
	思维度	独立思考	积极思考人数多、效率高（10分）								
		大胆质疑	能在课堂学习中发现并提出有质量的问题（10分）								
		自主构建	达成学习目标；能自主进行知识构建或总结方法（10分）								
	练习度	训练充分	学生自主讨论、思考，课堂练习时间有保证，不少于20分钟（10分）								
教师表现（25分）	精准度	技术应用	现代技术使用适切，有效使用大数据资源，实施个性化教学（5分）								
		讲授简明	讲授时间25分钟以内，简明扼要；紧扣教学重难点与思维堵点；点拨精准恰当（5分）								
	整合度	设计科学	注重教材内容的有机整合，注重问题设计中的思维训练；注重分层教学；方法总结归纳到位；板书清晰、结构合理、小结完整（5分）								
	达成度	价值引领	学科育人意识强，价值引领正确（5分）								
		学科素养	依据新课标和高考，创设学科情境，突出学科关键能力，问题解决落实素养（5分）								
效果评价（5分）	课堂教学特色鲜明；知识整合与思维训练效果明显；学生关键能力提升明显（5分）										
述评										
总分										